to the

Statue de la Liberté sur Liberty Island.

Mille kilomètres séparent Washington du Maine, État frontalier du Canada. Alternance de villes mythiques et de nature insolente, la côte est des Etats-Unis est un cocktail parfaitement équilibré pour satisfaire tous les visiteurs. Plonger dans New York, ville dont le pouls ne s'arrête jamais de battre, se laisser engloutir par cette cité de légende. Oui c'est incontournable, mais pas seulement. La région a d'autres attraits et pas des moindres, de Philadelphie à Boston en passant par la trop méconnue Washington DC. En visitant ces métropoles, on lève peu à peu le voile sur les moments cruciaux de l'histoire américaine de la déclaration d'Indépendance à la guerre de Sécession ou plus récemment l'investiture historique de Barack Obama. Les alentours de ces grandes villes sont grandioses à l'image des belles forêts de la Shenandoah Valley proches de DC ou des campagnes du comté de Lancaster habitées par des populations amish, à seulement quelques encablures de Philly. On ne saurait trop inciter les voyageurs à s'aventurer en Nouvelle-Angleterre avec une première escale à Cape Cod. Et toujours plus au Nord, nous voilà au cœur de la chaîne des Appalachians, cette colonne vertébrale de l'Est américain. New Hampshire, Maine et Vermont offrent ici aux visiteurs leurs trésors naturels, White Mountains, Green Mountains et le parc national d'Acadia. Et comptez sur la chaleur de l'accueil des Américains pour rendre ce séjour inoubliable !

Vue de Philadelphie.

Sommaire

Découverte

Visite

© PHOTOS.COM

New York, une ville debout.

© PHOTO BY JIM MCWILLIAMS FOR THE POV...

Le City Hall à Philadelphie.

Pense futé

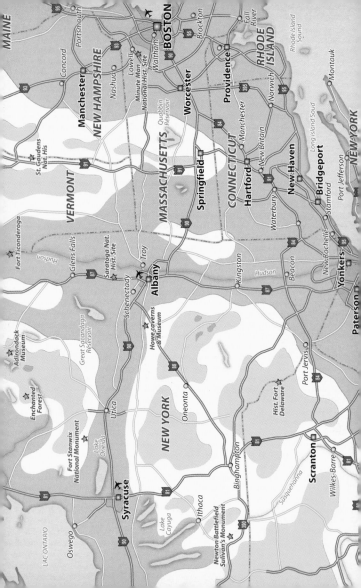

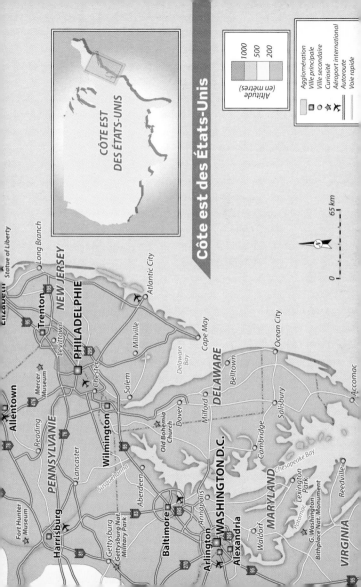

Côte est des États-Unis

CÔTE EST
DES ÉTATS-UNIS

Altitude (en mètres)

1000
500
200

Agglomération
Ville principale
Ville secondaire
Curiosité
Aéroport international
Autoroute
Voie rapide

0   65 km

PENNSYLVANIE

NEW JERSEY

Long Branch

Statue of Liberty

Elizabeth

Trenton

Allentown

Mercer
Museum

PHILADELPHIE

Reading

Levittown

Chester

Atlantic City

Lancaster

Wilmington

Millville

Harrisburg

Susquehanna

Salem

Cape May

Fort Hunter
Museum

Aberdeen

Old Bohemia
Church

Delaware
Bay

DELAWARE

Gettysburg
Gettysburg Nat.
Military Park

Dover

Milford

Belltown

Ocean City

Baltimore

Annapolis

Cambridge

Salisbury

WASHINGTON D.C.

Arlington

Alexandria

Waldorf

MARYLAND

Chesapeake Bay

Lexington
Park

Accomac

G. Washington
Bithplace Nat. Monument

Potomac

Reedville

VIRGINIA

Croisière autour de l'île de Manhattan à New York.
© TOM PEPEIRA – ICONOTEC

CIRCLE-LINE

CIRCLE LINE

Les plus de la côte est des États-Unis

Une population accueillante

La population de la côte est, et notamment en Nouvelle-Angleterre, est chaleureuse et accueillante. Le voyageur, tout au long de son périple, découvre combien le contact est aisé avec les habitants toujours prêts à discuter.

Une grande offre culturelle

Que ce soit à Boston, à New York, à Philadelphie ou à Washington, en passant par Provincetown au Massachusetts ou Baltimore dans le Maryland, le visiteur est comblé en ce qui concerne les musées. La côte est est le lieu idéal pour entreprendre un périple à thématique culturelle avec des étapes dans les grandes cités de Washington à Boston.

Une nature insolente

La Nouvelle-Angleterre abrite certains des joyaux des États-Unis. Les White Mountains, chaîne de montagnes du New Hampshire, sont un incontournable de la côte est notamment à l'automne. Les amateurs de randonnée comme de sports de plein air plus généralement sont à la fête. Les cascades invitent à la baignade

Musée Rodin à Philadelphie.

avant de reprendre la route sur les petits sentiers sillonnant les forêts aux tonalités chaudes en automne. En été, on apprécie de se rafraîchir dans la région des lacs au sud de l'Etat, dont le gigantesque Winnipesaukee. A la frontière de l'Etat, le Vermont n'est pas en reste avec les Green Mountains, une autre destination favorite pour une échappée belle en pleine nature. Intéressé par la faune sauvage ? Direction le Maine pour partir à la recherche du fameux *moose* sur les routes de l'Acadia National Park, île de montagnes déposée sur l'océan bleu acier.

Une très bonne cuisine

Les produits de la mer sont un incontournable de tout séjour sur la côte. Comment ne pas céder à l'appel des crabes bleus du Maryland ? La Nouvelle-Angleterre, quant à elle, est probablement la région des Etats-Unis où l'on mange le mieux. En remontant vers le Vermont, on est étonné de découvrir des produits du terroir de grande qualité et notamment d'excellents fromages. Et nous voilà bientôt dans le Maine, la patrie du homard, absolument incontournable ! Dans les grandes cités, comme à New York, Washington DC, Boston ou Philadelphie, les cuisines du monde sont bien ancrées dans les traditions du pays : restaurants chinois, japonais, coréens, thaïs…

La diversité

Un séjour sur la côte est permet d'associer visites de grandes métropoles modernes et découvertes de paysages magnifiques notamment le long des Appalaches. On apprécie le tumulte et l'offre culturelle de DC,

NYC, Philadelphie et Boston comme les splendides White Mountains dans le New Hampshire, les Green Mountains du Vermont ou les longues plages sauvages de Cape Cod, Martha's Vineyard et Nantucket dans le Massachussetts.

Le berceau de la nation américaine

Les Etats-Unis sont nés dans cette partie de la côte est des USA, principalement à Boston et Philadelphie. Philly, c'est le « America's most historic square mile », l'endroit le plus riche d'histoire en Amérique. On apprend donc beaucoup sur la naissance des USA et les valeurs de liberté et de démocratie qui définissent le pays en visitant les musées du quartier historique de la ville.

Fiche technique

Argent

▶ **Monnaie :** le dollar des Etats-Unis ($ ou US$).

La côte est en bref

Washington en bref

▶ **Nom officiel :** Washington, DC. Washington n'est pas un Etat mais un district, celui de Columbia. Il ne compte donc pas de gouverneur.

▶ **Superficie :** 177 km^2 (105 km^2 pour Paris).

▶ **Langue officielle :** anglais.

▶ **Maire :** Vincent Gray.

▶ **Population :** 601 723 habitants en 2010.

▶ **Revenu annuel moyen des familles :** 68 360 $ en 2009.

Philadelphie en bref

▶ **Nom officiel :** Philadelphia.

▶ **État :** Pennsylvanie (PA).

▶ **Superficie :** 349,9 km^2.

▶ **Langue officielle :** anglais.

▶ **Surnom :** « Philly, City of Brotherly Love » (la ville de l'amour fraternel).

▶ **Maire :** Mickael Nutter.

▶ **Gouverneur de l'État de Pennsylvanie :** Tom Corbett.

▶ **Sénateurs de Philadelphie :** Robert P. Jr Casey, Joe Sestak.

▶ **Population :** 1,5 million d'habitants, et environ 5,8 millions dans la banlieue de la ville, en 2009.

▶ **Revenu moyen des familles :** 62 185 $ en 2009.

© CAPITAL REGION USA

Le Jefferson Memorial à Washington.

New York en bref

▶ **Nom officiel :** New York City (NYC).

▶ **État :** New York State (NY).

▶ **Superficie de NYC :** 787 km^2, 57 km^2 pour Manhattan.

▶ **Langue officielle :** anglais.

▶ **Maire :** Michael Bloomberg.

▶ **Gouverneur de l'État de New York :** David A. Paterson.

▶ **Sénateurs :** Charles Schumer, Kirsten E. Gillibrand.

▶ **Population :** 8 391 881 (estimation 2009).

▶ **Revenu annuel moyen des familles :** 66 891 $ en 2009.

Boston en bref

▶ **Nom officiel :** Boston.

▶ **État :** Massachusetts (MA).

▶ **Superficie :** 232,1 km^2.

▶ **Langue officielle :** anglais.

▶ **Surnoms :** « Bean Town » (la ville des haricots), « The City of Higher Learning » (la ville de l'enseignement supérieur), « The Hub of the Universe » (le centre de l'univers), « The Athens of America » (l'Athènes de l'Amérique).

▶ **Maire :** Thomas M. Menino.

▶ **Gouverneur de l'État du Massachusetts :** Deval L. Patrick.

▶ **Sénateurs du Massachusetts :** John F. Kerry, Edward M. Kennedy.

▶ **Population totale :** 590 763 habitants en 2006 et 3 millions avec les banlieues.

▶ **Revenu annuel moyen des familles :** 81 033 $ en 2009.

Le drapeau des Etats-Unis

Surnommé Stars et Stripes (des étoiles et des bandes) ou en français la Bannière étoilée, il a été adopté le 14 juin 1777, moins d'un an après la déclaration d'indépendance, signée le 4 juillet 1776. Il est composé de 13 bandes horizontales rouges et blanches en alternance, avec un rectangle bleu dans le coin supérieur gauche. Ce rectangle est parsemé de 50 petites étoiles blanches disposées en 9 colonnes horizontales, composées alternativement de 6 et 5 étoiles. Les 50 étoiles du drapeau symbolisent les 50 États du pays, tandis que les 13 bandes horizontales représentent les 13 États fondateurs de la nation : Connecticut, New Hampshire, New York, New Jersey, Massachusetts, Pennsylvanie, Delaware, Virginie, Caroline du Nord, Caroline du Sud, Géorgie, Rhode Island et Maryland.

Saisonnalité

Les meilleures saisons pour se rendre dans toutes ces destinations sont le printemps, la fin de l'été et l'automne. L'été indien y est magnifique et les couleurs de l'automne, rouges, jaunes et orange, sont flamboyantes. L'hiver et l'été ne sont pas déconseillés, mais sachez qu'il fait froid, surtout au nord de Boston, dans toute la Nouvelle-Angleterre, et que l'été est chaud et humide, surtout à Washington (environ 30,2 °C). Avril est un mois superbe à Washington, avec les cerisiers du Japon qui fleurissent le long du National Mall.

La côte est en 10 mots clés

Appalachian Mountains

La chaîne de montagnes des Appalaches traverse tous les Etats de la côte est, de la Caroline du Sud au Maine. On peut la découvrir au sud en suivant la Skydrive le long de la Shenandoah Valley en Virginie ou s'engager sur de magnifiques sentiers de randonnée dans les White Mountains du New Hampshire. Certains entreprennent de relier la Virginie au Maine par l'Appalachian Trail, 2 175 miles de trek avalés en 6 mois – en moyenne ! Le trajet vaut le coup.

Art

La côte est est une destination rêvée pour les amateurs d'art et notamment de peinture. Les grandes cités de la côte est comptent parmi les plus importants musées du monde et pourraient justifier d'un circuit culturel.

A Philly, il y a deux musées époustouflants, le Philadelphia Museum of Art et la Barnes Foundation. Cette dernière est une collection privée remarquable, connue dans le monde entier pour ses œuvres impressionnistes. A New York, le Met, le MoMA et le Guggenheim sont des étapes incontournables de tout séjour dans la Grosse Pomme. La capitale, Washington, n'est pas en reste, avec le National Gallery of Art et le Smithsonian Institute, des musées exceptionnels et gratuits !

Automne

C'est la saison idéale pour découvrir la Nouvelle-Angleterre et sillonner sans fin les routes du New Hampshire et du Vermont, et ce à cause des teintes rouge, jaune et orangée dont se parent les forêts à cette saison. Le spectacle est inoubliable.

© FONDATION BARNES FOR THE POVB

La Fondation Barnes, la plus grande collection privée d'art impressionniste.

© DAVE NEWMAN – FOTOLIA

Le Capitole.

Capitole

Situé sur le National Mall à Washington, à l'opposé du Washington Monument, le Capitole est l'organe représentant le pouvoir législatif où siège le Congrès des Etats-Unis. Il est divisé en deux chambres : le Sénat (aile nord) ou la Chambre haute (100 sénateurs, 2 par Etat), et la Chambre des représentants (aile sud) ou la Chambre basse (435 députés). Les membres sont élus au suffrage universel direct. La construction du Capitole s'est poursuivie de 1783 à 1830, car le bâtiment a été en partie incendié par les Anglais pendant la guerre de 1812. Avant d'être à Washington, les membres de la branche législative du gouvernement se trouvaient à New York (de 1789 à 1790), puis à Philadelphie (de 1790 à 1800).

Cigarette

Contrairement à New York, devenue une ville entièrement « non-fumeur », à Boston, à Philadelphie et à Washington, il reste des bars et des boîtes de nuit où il est permis de fumer. La législa-tion varie selon les Etats. Le prix des paquets de cigarettes est d'environ 6 $, ce qui est moins qu'à Manhattan (environ 10 $). Les cigarettes s'achè-tent dans les pharmacies (paradoxal !), les stations d'essence, les supermar-chés… L'âge légal pour acheter un paquet est 21 ans. Les Américains fument moins que les Européens.

Gentrification

Ce terme désigne l'embourgeoisement d'un quartier. La rénovation des bâti-ments entraîne la hausse des loyers, ce qui finit par obliger la population la plus pauvre à quitter un quartier. Des populations plus aisées s'y installent. La situation est la même à Boston (Back Bay, South End), à Philadelphie (Rittenhouse Square) et à Washington (U Street).

Marche

Washington, Philly et Boston font partie des villes de la côte est où il fait bon marcher. Les avenues sont vastes, la circulation automo-bile et les espaces verts nombreux.

Au départ du marathon de New York.

En outre, l'orientation est aisée car le quadrillage des rues et le fléchage facilitent la tâche du promeneur. Musées et sites remarquables sont clairement indiqués. En outre, le centre de ces villes est de taille modeste et les distances sont donc facilement avalées à pied. A vos baskets !

Vitamines

Elles sont partout et ont peu à peu envahi tout ce qui est comestible. Il existe des supermarchés de produits vitaminés que l'on appelle les health shops. Produits laitiers, céréales, jus de fruits, rien n'y échappe. Tous les produits sont agrémentés d'un ajout de vitamines diverses pour éviter telle ou telle maladie ou pour pallier les manques générés par notre mauvaise alimentation quotidienne. Des bars spécialisés dans la préparation de cocktails vitaminés ont ouvert et ne désemplissent pas. Chaque cocktail à base de légumes ou de fruits a des vertus bien spécifiques. C'est une nouvelle méthode d'automédication et de médecine douce.

Watch your step

Vous lirez et vous entendrez ce message très souvent. Comme vous êtes prévenus, si vous vous cassez la figure, ne venez pas vous plaindre ! Les New-Yorkais et les Américains en général sont particulièrement prudents, car le moindre problème dont ils pourraient être tenus pour responsables entraîne systématiquement des poursuites judiciaires. Dans le métro notamment, on vous rebat les oreilles toutes les 5 minutes, en vous demandant de vous éloigner de la bordure du quai et, une fois dans la rame, de vous éloigner de la porte. Alors, regardez où vous mettez les pieds et faites attention à la marche !

Yuppie

Non, ce n'est pas un cri de joie, ce mot est l'abréviation de *Young Urban Professional*, ce que l'on pourrait traduire par « jeune cadre dynamique aux dents bien affûtées ». A Boston, Philly et Washington, ils sont de plus en plus nombreux à s'installer dans des quartiers vivant un renouveau. Ces jeunes loups travaillent généralement dans de grandes entreprises américaines. Si vous avez lu *American Psycho* de Bret Easton Ellis, vous savez de quel genre de personnages il s'agit. Vous entendrez peut-être aussi le mot *guppie* qui est la contraction de *yuppie* et de gay.

Survol de la côte est

Géographie

Washington

La capitale fédérale des Etats-Unis marque l'extrémité méridionale de BosWash, la mégalopole du nord-est du pays et se trouve sur la limite des Etats du Maryland (au sud-est, nord-est et nord-ouest) et de Virginie (au sud-ouest). La ville se trouve divisée en quatre quadrants qui servent à se repérer : NorthWest (NW), NorthEast (NE), SouthEast (SE) et SouthWest (SW). A l'intersection de ces quadrants s'érige le Capitole. Les panneaux qui indiquent les rues sont systématiquement renseignés de l'indication NW, NE, SE ou SW. Washington fait 177 km, selon le Census Bureau, dont 18 km occupés par des plans d'eau ou des cours d'eau, comme Anacostia, le Potomac et le Rock Creek. Le point le plus haut de la ville se trouve à Tenleytown (à côté de American University), à 125 m, et les rives de l'Anacostia et du Potomac se trouvent au niveau moyen de la mer. Le climat est tempéré ou subtropical, avec de grandes variations entre l'été et l'hiver. Chaque année, il tombe en moyenne 800 mm de pluie. L'été, il fait très chaud et humide (environ 30 °C), avec des pointes allant au-dessus des 38 °C). Le printemps et l'automne sont plutôt doux (températures moyennes d'environ 20 °C). L'hiver est froid (environ 6 °C en janvier), avec souvent des chutes de neige (par an, 38 cm en moyenne) qui se transforme en glace ! A Washington, les parcs et jardins sont nombreux : Woodley Park, Rock Creek Park, Theodore Roosevelt Island Memorial Park, President (en centre-ville autour de la Maison-Blanche), le National Arboretum et les jardins de Dumbarton Oaks. Tout le long du National Mall, les espaces de verdure sont appréciés des visiteurs, surtout lors des beaux jours.

Philadelphie

Avec ses 369,4 km², dont 349,9 km² de terre, et ses 19,6 km² de plans d'eau, Philadelphie se trouve à l'extrémité amont de la baie Delaware, au confluent des fleuves Delaware et Schuylkill dont les vallées donnent accès à la montagne appalachienne. Philadelphie incarne l'unique débouché maritime de l'Etat de Pennsylvanie. Le climat est subtropical humide, avec un été souvent chaud et humide (entre 21 et 30 °C en juillet), un automne et un printemps doux, et enfin un hiver froid (température moyenne basse de − 4 °C, et haute de 4 °C). Il y a environ 8 à 11 jours de pluie par mois avec, sur l'année, un total de 1 068 mm. Il n'y a pas de grands parcs dans la ville. Par contre, il y a le Rittenhouse Square dans le centre-ville, des arbres et des coins verts tout au long du Benjamin Franklin Parkway où se trouve le fameux Philadelphia Museum of Art. Dans le centre-ville, vaste et aéré, il est facile de se repérer grâce à un rigoureux plan en damier.

New York

New York est composé de cinq *boroughs* (districts), mais par abus de langage, le nom New York désigne souvent très précisément New York City, autrement dit Manhattan, que les New-Yorkais nomment The City par opposition aux *boroughs* de Brooklyn, Bronx et Queens (baptisés avec dérision BBQ), qui constituent, avec Staten Island, le Grand New York. Seul le Bronx fait partie du continent ; les quatre autres *boroughs*, dont Manhattan, sont des îles.

Du reste, selon certains, le mot Manhattan viendrait de *Menatay*, un nom qui, en indien delaware, veut dire « île ». Pour d'autres, Manhattan signifie originellement « l'île aux collines rocheuses ». Les collines sont toujours là, plus ou moins perceptibles. L'île est orientée nord-est sud-ouest. Elle mesure 14 miles (21 km) en longueur et 2,5 miles (4 km) dans sa partie la plus large, à hauteur de la 14th Street. Manhattan est bordé à l'ouest par l'Hudson River (ou encore la North River) qui, à ce stade, n'est plus un fleuve mais un estuaire. L'Hudson River, qui a sa source dans les Adirondacks Mountains, dans le lac des Nuages, est navigable sur 200 miles (environ 350 km) entre Albany et New York.

A l'est, l'East River sépare Manhattan de Long Island. L'East River et l'Hudson River se rejoignent au sud de Manhattan. Au-delà s'ouvre la baie de New York, considérée, comme celle de Sydney, comme l'un des meilleurs ports naturels du monde.

A l'heure où Los Angeles vit dans la hantise d'un effondrement de la faille de San Andrea, peu de gens savent qu'une ligne de faille active passe sous New York. Traversant Jamaica Bay, elle sépare Brooklyn et Queens, se faufile sous l'East River, croise la 14th Street jusqu'à Union Square où elle remonte plus au nord le long de Broadway. Toutefois, le danger que cette faille représente pour New York et ses gratte-ciel est minime. A la différence de San Francisco, Tokyo, Mexico et de nombreuses autres villes bâties sur des failles, New York se dresse sur une base rocheuse. Bien des visiteurs, stupéfaits par le poids des gratte-ciel et inquiets qu'ils puissent enfoncer l'île, seraient surpris d'apprendre que le granite de Manhattan est si dense que les travaux d'extraction de la roche pour faciliter les fondations des grands buildings ont de fait allégé le poids de l'île. En visitant la partie nord de la ville, on peut voir des décharges de rochers.

Défilé des enseignes à New York !

Le Brooklyn Bridge, une cathédrale de filins.

La frontière nord de Manhattan était jadis faite d'une série de rapides et de chutes d'eau connue sous le nom de Spyten Duvel, une expression hollandaise signifiant « le diable qui crache ». Finalement, un canal fut construit pour relier l'Hudson et la Harlem River, et calmer ainsi les eaux. Du côté de Manhattan, le canal longe la jolie Half Moon Bay, ainsi nommée parce que le bateau dont Hudson débarqua pour explorer Manhattan s'appelait le Half Moon (« demi-lune »). La Columbia University y a construit son stade d'athlétisme et son club nautique, tandis que, sur les hauteurs, les Rockefeller créaient The Cloisters, dont les éléments espagnols et français constituent la section médiévale du Metropolitan Museum. En face, sur la rive nord, c'est-à-dire dans le Bronx, un mur taillé à vif dans la roche indique toujours le tracé du canal. En été, les enfants du voisinage plongent dans le fleuve. Ce n'est pas Acapulco, mais ces gosses des ghettos, auxquels nul touriste ne rend visite, identifient les corniches par les noms de ceux qui ont osé plonger de ces à-pics dans le fleuve, quand ce n'était pas du haut du pont Henry-Hudson.

Boston

La ville se trouve au fond de la large baie du Massachusetts, encombrée de drumlins. Située au nord de la mégalopole du nord-est du pays qui s'appelle BosWash, l'agglomération de Boston recouvre un moutonnement de collines morainiques. Au XVIIe siècle, Boston se trouvait sur la péninsule de Shawmut, rattachée au continent par un isthme étroit. A l'ouest, les marais nauséabonds envahis fréquemment par la marée furent assainis. Aujourd'hui, c'est le quartier sympa de Back Bay. A cette époque, Boston était entourée par trois collines, les Trimountains. Aujourd'hui, il ne reste que celle de Beacon Hill, et la ville se trouve principalement implantée sur des terre-pleins artificiels. Sa situation géographique lui fut favorable jusqu'au XIXe siècle : Boston est située sur la côte orientale de l'Etat du Massachusetts, plus proche de l'Europe Occidentale que New York.

Pont Concord en automne à Boston.

Son port, non loin des eaux profondes de la baie du Massachusetts, fut longtemps très actif (port de pêche, de commerce et de cabotage). La Charles River et la Mystic River facilitent la communication avec l'intérieur des terres. Trois parcs se trouvent dans la ville : Boston Common, Back Bay Fens et Rose Kennedy Greenway. Le climat est tempéré de façade orientale, avec une amplitude thermique importante (25 °C). En effet, le Massachusetts ne profite ni du rôle de régulateur thermique de l'océan Atlantique, ni des effets du Gulf Stream. Les flux méridiens, froids en hiver et chauds en été, causent des perturbations. Chaque année, les précipitations (pluie ou neige) représentent 1 054 mm. Les pluies sont les plus fortes en novembre. A noter : c'est une région intéressante pour sa faune diversifiée avec en vedette incontestée, les baleines que l'on peut découvrir à Cape Cod. Des associations de la région s'érigent contre le va-et-vient des bateaux qui tueraient chaque année des centaines de ces mammifères marins.

Vermont, New Hampshire et Maine

Le Vermont, avec ses 25 000 km², est un Etat en grande majorité rural, le seul de Nouvelle Angleterre à n'avoir pas d'ouverture sur l'Atlantique. On peut diviser l'Etat en cinq zones géographiques. La région du nord-est constituée de monts granitiques où s'écoulent de nombreux torrents. Les hautes terres de l'Ouest à la frontière du Connecticut et du Massachussetts, terres fertiles irriguées par la Connecticut River. On y trouve de nombreux lacs. Le centre du Vermont est quant à lui recouvert par la chaîne des Green Mountains qui traverse l'Etat du nord au sud, de la frontière canadienne au Massachussetts et abrite le point culminant du Vermont, le Mont Mansfield (1 340 m). Par beau temps, le Mont Mansfield offre une vue panoramique sur le Québec, les Etats du New Hampshire et de New York. Cette zone représente également le centre touristique de l'Etat.

Au sud-ouest se trouve la région des montagnes Taconic, paysage bucolique de cascades et de lacs creusés au cœur des montagnes. Quant au nord-est, les terres agricoles se concentrent dans la fertile vallée Champlain autour de la ville de Burlington.

Les 24 000 km² du New Hampshire sont traversés par la célèbre chaîne de montagnes des Appalaches. Mais c'est probablement pour la chaîne des White Mountains qui s'étend au nord-est de l'Etat que le New Hampshire est prisé des randonneurs de tout le pays. Le légendaire Mount Washington qui culmine à 1 920 m, balayé par de très forts vents quasiment toute l'année, appartient à cette chaîne de montagnes. Entreprendre son ascension est une vraie gageure mais nombre de marcheurs relèvent le défi tous les ans, y perdant parfois la vie. La région du sud-est contraste avec le nord, c'est ici le domaine des lacs, on en compte plus d'un millier, et notamment du plus fameux d'entre eux, le Winnipesaukee et ses 190 km². Le New Hampshire concentre sur son petit territoire une grande diversité de paysages, c'est la destination nature par excellence.

Le Maine est le plus étendu des Etats de Nouvelle Angleterre avec 90 000 km², dont 90 % sont recouverts par la forêt. La très longue côte du Maine est ponctuée de longues plages au sud qui se transforment en plus petites criques creusées dans les falaises au nord. La fonte des glaces à la fin de la période glacière a recouvert une partie des terres formant un grand nombre d'îles et d'îlots au large des côtes dont la plus grande et la plus connue est sans aucun doute Mont Desert Island, englobée aujourd'hui dans le parc national d'Acadia et sur laquelle se dresse le Mont Cadillac. En longeant les côtes mais plus à l'intérieur des terres, les plages font place aux marais salants. Au nord-est du Maine se trouve une bande de terre fertile nommé le plateau Aroostoock où la pomme de terre est cultivée, ces terres sont traversées par de nombreuses rivières qui se jettent dans de grands lacs. A l'est, la chaîne des White Mountains traverse la frontière du New Hampshire jusqu'au Mont Khatadin, point d'orgue du célébrissime trek des Appalaches. Le Maine demeure un Etat vierge, peu exploité par l'homme bien que l'on pêche plus de 3 millions de homards chaque été au large de ses côtes !

Climat

L'hiver est rude, plutôt sec et très froid (surtout de novembre à mars). Il n'est pas rare que la neige dépose un manteau blanc sur les rues de Boston. Dans cette ville, il y a fréquemment des tempêtes de neige. Les résidents ont des pelles avec lesquelles ils déblaient la masse de neige qui s'est déposée devant chez eux dans la nuit… A cette époque de l'année, impossible de se passer d'un bonnet, de gants et d'un gros manteau. Idem à Philly et à Washington. A Boston, comme à Philadelphie et Washington, l'été est chaud, humide et lourd, ce qui peut être pénible en juillet et en août. Par contre, le climat est idéal au printemps et en septembre (été indien), où le mercure demeure souvent dans les 20 °C et plus. Le nord de la Nouvelle-Angleterre, dans le Vermont, le New Hampshire et le Maine, bénéficie d'un climat de façade orientale.

© PHIL.CZ - FOTOLIA

Pemaquid Point Lighthouse
à Boothbay Harbor dans le Maine.

Ses hivers sont généralement longs et très rigoureux durant lesquels surviennent des blizzards, les étés sont chauds et sont arrosés par d'abondantes pluies et orages, ce qui donne à la région un aspect verdoyant. Les printemps y sont doux et pluvieux ainsi que l'automne qui est certainement la plus belle et la plus agréable des saisons dans la région. Il est courant que dès le mois d'octobre on assiste aux premières chutes de neige sur les hauteurs du Vermont et New Hampshire. Le climat du nord de la Nouvelle Angleterre est caractérisé par des hivers longs et rigoureux avec d'importantes chutes de neige. Le reste de l'année le climat peut être très changeant mais les étés sont dans l'ensemble très agréables,

ensoleillés, avec des températures raisonnables et des orages classiques. C'est l'unique période où la baignade est possible car les eaux de l'Atlantique sont fraîches. La période à privilégier reste cependant l'automne de mi septembre à mi octobre. Les forêts prennent à cette saison des teintes incroyables et si le soleil est de la partie, les paysages sont alors inoubliables. On découvre alors la vraie signification de l'été indien. Incontournable.

Faune et flore

C'est en Nouvelle-Angleterre que la faune est la plus importante puisque la nature l'emporte de loin sur les villes et spécialement dans les 3 États les plus au nord. On peut se mettre en quête des élans, emblématiques de la région. Les rencontres avec les ours noirs ne sont pas rares dans la chaîne des Appalachians et notamment dans les White Mountains. En outre, la péninsule de Cape Cod offre une faune et une flore variées. Côté faune : il y a des baleines à bosse, des baleines franches, des tortues, des oiseaux (pluvier siffleur) et des phoques (environ 2 500, sur l'île de Muskeget). Côté flore : le visiteur découvre avec plaisir les forêts et la végétation dunaire (à Provincetown notamment). Plusieurs réserves participent à la protection de l'écosystème : le National Wildlife Refude, le Wellfleet Bay Wildlife Sanctuary et le National Seashore Park (11 000 hectares). Sur les îles de Martha's Vineyard et Nantucket, les réserves naturelles et les plages (comme Long Point Wildlife Refuge Beach à Vineyard Haven), les lacs et les rivières ravissent le voyageur !

Washington

Gouvernement fédéral ou états forts ?

En 1783, à la fin de la guerre d'Indépendance, il fallut trouver une capitale aux Etats-Unis. Pour renforcer le gouvernement fédéral alors très faible, le gouvernement suggéra de créer une capitale fédérale. Certains Américains étaient d'accord sur le principe mais ne parvenaient pas à s'entendre sur son emplacement. D'autres voulaient au contraire une petite capitale, c'est-à-dire qu'ils souhaitaient que les Etats aient plus de pouvoir que le gouvernement fédéral. En 1787, les membres de la Constitutional Convention réunis à Philadelphie prirent la décision : la capitale serait grande (environ 150 km²) et le Congrès en aurait l'exclusive juridiction. Ce qui voulait dire que les habitants du district de Columbia ne pourraient pas voter lors des élections présidentielles et qu'ils ne seraient pas représentés au Congrès. Ce n'est qu'en 1961 que les résidents du district ont voté pour la première fois aux élections présidentielles.

Le Washington ethnique d'aujourd'hui

Dans les années 1970, Washington était une ville majoritairement « blanche » et « noire ». A cette époque, les Noirs américains représentaient 70 % de la population. Aujourd'hui, Washington est caractérisé par une grande diversité ethnique. Avant la guerre civile, des esclaves libres vinrent y habiter et travailler comme artisans ou conducteurs. Au XIXᵉ siècle, la répartition des minorités de Washington ressemblait plus ou moins à celle des autres villes de la côte est des Etats-Unis.

Mémorial de la Seconde Guerre mondiale à Washington DC.

Chaque communauté avait son quartier : italien, allemand, irlandais ou juif. Ces 25 dernières années, de nombreux Noirs américains (60 % du district) ont déménagé vers les villes du Maryland, proches de Washington. Mais, aujourd'hui, une classe moyenne noire aisée profite du renouveau de certains quartiers pour revenir dans le district. De nouveaux immigrants sont arrivés en masse (ils vivent principalement à Adams Morgan, U Street et Mount Pleasant), majoritairement d'Amérique latine (El Salvador, Pérou, Nicaragua), mais aussi du Viêt-Nam, de Jamaïque, d'Éthiopie et d'Érythrée. Enfin, les banlieues de Washington comptent aussi des immigrés venus d'Inde, de Chine, de Corée et d'Iran, qui font partie de la classe moyenne. Washington, et notamment le Mall, a toujours été le lieu où la population fait part de son désaccord, de ses préoccupations ou de son assentiment. Le 4 novembre 2008, c'est spontanément

© CAPITAL REGION USA

que la population a envahi les rues à l'annonce de la victoire d'Obama. Washington a voté à 93 % pour le candidat démocrate. Le 20 janvier 2009, ce sont deux millions de personnes qui ont foulé la pelouse du Mall pour venir assister à l'investiture historique du 44e président des Etats-Unis. Un moment d'émotion exceptionnel pour une population qui, malgré un contexte économique mondial désastreux, a exprimé ce jour-là sa confiance inébranlable en l'avenir, ce qui a toujours fait la force des Etats-Unis.

Philadelphie

Philadelphie, une ville nouvelle

L'histoire de la Pennsylvanie commence en 1681 quand Charles II, roi d'Angleterre, donne à William Penn (1644-1718) des terres d'une superficie de 120 000 km² ! Le souverain devait beaucoup d'argent au père de William. Le quaker anglais, persécuté par la religion officielle en Angleterre, quitte son pays natal et fonde la ville de Philadelphie l'année d'après. William Penn crée une société libérale et révolutionnaire pour l'époque : pacifisme, tolérance, souveraineté du peuple sont les maîtres mots. De nombreux immigrés allemands, huguenots et hollandais s'installent à Philadelphie, attirés par la liberté de culte qui y règne. A cette époque, les terres que vont occuper progressivement les colons sont peuplées par la tribu amérindienne des Shackamaxon. En 1701, Penn signe un traité d'amitié reposant sur la confiance mutuelle avec les Onas. Il meurt en 1718. Ensuite, les rapports entre les Indiens et les colons ne seront plus jamais aussi pacifiques.

© PHOTO BY BOB KRIST FOR THE PCVB

Vue de Philadelphie.

Au XVIIIe siècle, grâce à sa position privilégiée sur la côte atlantique et des ports qui lui permettent de faire du commerce avec d'autres continents, Philadelphie devient la capitale des premières colonies et la deuxième plus grande ville anglo-saxonne au monde. Elle prend le surnom de « l'Athènes de l'Amérique ».

Philly,
berceau des États-Unis

Entre 1774 et 1800, la ville se trouve largement impliquée dans la révolution américaine. Les colonies en ont assez des lois anglaises qui haussent les taxes de plus en plus fréquemment. La Déclaration d'indépendance des Etats-Unis, rédigée par Thomas Jefferson, est signée le 4 juillet 1776 et marque la naissance du pays. En 1777, Benjamin Franklin est reçu à la cour de Versailles. Il souhaite que la France signe un traité d'alliance et d'amitié avec la jeune république américaine. Il obtient gain de cause et, en 1778, la France devient l'alliée

des colonies américaines. La première Constitution américaine sera signée en 1787, et Philadelphie sera la capitale provisoire des Etats-Unis entre 1790 et 1800. Au cours des années 1800, Philly continue d'être considéré comme le centre culturel de la nation. Puis, à la suite de la guerre de Sécession, Philadelphie devient le noyau de la révolution industrielle américaine.

Philly aujourd'hui

Philadelphie n'a eu de cesse de se réinventer. En 1965, le fameux parc JFK Plaza est achevé dans le quartier de Center City étant plus connu aujourd'hui sous le nom de Love Park en raison de la statue de Robert Indiana érigée en 1976, emblématique de la ville. En 1984, est lancé le programme de fresques murales et la ville en compte aujourd'hui plus de 2500 ! Aujourd'hui, c'est la cinquième plus grande ville des USA, et la deuxième plus grande de la côte est. En 2009, 5,8 millions de personnes habitent dans ses banlieues et 1,5 million résident en ville.

New York

Les origines

La première reconnaissance du site de la future New York est menée en 1524 par Giovanni da Verrazano, un marin italien qui navigue pour le compte du roi de France, François Ier. Verrazano pénètre dans la baie de New York, mais se contente d'en faire le tour, peut-être parce qu'il craint d'être attaqué par les Indiens algonquins. Au XVIIe siècle, la Compagnie hollandaise des Indes occidentales décide d'établir Fort Amsterdam, à l'extrémité sud de l'île de Manhattan. En 1647, avec la nomination de Peter Stuyvesant au poste de gouverneur, la ville de La Nouvelle-Amsterdam est officiellement fondée. En 1664, les Anglais s'emparent de La Nouvelle-Amsterdam et la rebaptisent New York.

Loyalistes et indépendantistes

En mai 1775, à l'ouverture de la guerre entre l'Angleterre et ses colonies, il devient évident que New York va jouer un rôle pivot. Bien que New York soit un fief des loyalistes, les soldats britanniques pillent et maltraitent ses habitants. Les Anglais ont brûlé un quart de la ville. En 1778, un incendie achève de dévaster la cité et au moment du retrait définitif des troupes anglaises, en novembre 1783, l'économie de New York s'effondre. En 1790, New York, capitale de la province sous les Anglais, devient la première capitale fédérale. Puis, le Capitole est transféré à Philadelphie, avant d'être établi de façon permanente dans le district de Columbia, sur le Potomac, entre les Etats du Maryland et de la Virginie. En 1797, Albany est nommée capitale de l'Etat de New York, ce qu'elle est toujours.

Le Sud et la raison

En 1858, Abraham Lincoln choisit New York pour annoncer sa candidature à la présidence des Etats-Unis. Mais New York est antiabolitionniste. A la différence du reste de l'Etat, New York s'oppose à l'abolition de l'esclavage parce qu'une part essentielle de sa prospérité provient du commerce avec le Sud.

© TOM PEPEIRA - ICONOTEC

Vue générale du haut de l'Empire State Building à New York.

New York rejoint finalement le clan des hostilités du côté du Nord. Pendant les cinquante années qui ont suivi la fin de la guerre civile, le pays a connu une rapide et intense industrialisation. A la fin du XIXᵉ siècle, la frontière des Etats-Unis est officiellement tracée.

La Guardia nous garde !

Durant la dure période des années 1920, commence le processus de dépopulation des zones rurales : New York grandit toujours. De nombreux projets gouvernementaux voient le jour, comme le East River Drive, le Triborough Bridge, les tunnels Lincoln, Midtown et Brooklyn-Battery. Cette phase d'expansion culmine avec la Foire mondiale de New York en 1939, baptisée « World of Tomorrow » (« le Monde de demain »). Mais la réalité de demain sera celle de la Seconde Guerre mondiale. Conséquence du civisme de La Guardia et de la prospérité apportée par le conflit, New York, dans les années 1950, est à l'apogée de la civilisation occidentale.

Le prix de la corruption

Mais La Guardia a perdu son siège et la mafia devient un mal incontournable de la vie new-yorkaise. Son pouvoir politique commence à remodeler le visage de la ville. La corruption entraîne les finances publiques au bord de la banqueroute. Cependant, le plus grand défi que doit relever New York est celui du conflit racial. En 1989, la ville a élu son premier maire noir. Alors qu'il incarne un puissant symbole et peut agir comme un émollient dans des périodes troubles, le mayor Dinkins se révèle inefficace dans des domaines vraiment pratiques.

NYPD, police montée.

À la recherche d'un nouveau souffle

Dans une situation de détresse, l'« homme providence » met en place son credo : zéro tolérance. Cette politique, qui a pour conséquence de nombreuses et dramatiques bavures ainsi qu'une atmosphère d'Etat policier, obtient des résultats spectaculaires. Dans son combat contre le crime, le maire le plus connu de la planète s'attaque aussi à une des grandes forces d'inertie de l'économie à New York : la mafia. Mais le 11 septembre 2001, à 8h46, un Boeing 767 de la compagnie American Airlines vient s'écraser sur la tour nord du World Trade Center. 18 minutes après le premier impact, un deuxième Boeing percute le sommet de la tour sud. Le 33ᵉ étage s'embrase. Il faudra presque un an pour déblayer la zone aujourd'hui connue sous le nom de Ground Zero, devenue un véritable endroit de pèlerinage pour les Américains comme pour les visiteurs du monde entier. New York ne sera plus jamais la même.

Frégate USS Constitution *à Boston.*

a campagne à la succession de Giuliani à la mairie de New York passe complètement au second plan dans un contexte d'urgence post-11 septembre. Michael R. Bloomberg, le fondateur de l'empire d'information financière qui porte son nom, est présenté de longue date par Giuliani comme son successeur. Il remporte les élections du 7 novembre avec 3 points d'avance sur Green, son adversaire démocrate. En 2006, la politique de Bush s'essouffle : mauvaise gestion de l'ouragan Katrina et critique de plus en plus prégnante de la guerre en Irak (plus grosses pertes de soldats depuis la guerre du Viêt-Nam)… aussi l'élection du démocrate Barack Obama le 4 novembre 2008 regonfle le moral de bon nombre de New-Yorkais qui réinventent un peu plus chaque jour leur ville.

Boston

La naissance de Boston

Boston incarne plus que toute autre ville des Etats-Unis celle des extrêmes. Depuis sa création en 1620, elle a toujours balancé entre intolérance liée au puritanisme, et volonté de rébellion et de libéralisme. Avant l'arrivée des Européens, le territoire découvert par l'explorateur anglais John Cabot puis par l'italien Giovanni Verrazano, à la demande du roi François Ier, était habité par des tribus indiennes depuis 1497. C'est John Brewster, un leader puritain persécuté en Angleterre, qui partit avec 120 passagers à bord du *Mayflower*, en septembre 1620. Après 65 jours en mer, ils débarquèrent à Cape Cod, à côté de l'actuelle ville de Provincetown.

Seule la moitié des Pilgrims survécut. En 1630, John Winthrop arriva d'Angleterre et s'installa, avec d'autres Pilgrims, sur une péninsule de 177 hectares qu'il appela ensuite Boston. En 1700, Boston était devenu le troisième plus grand port de l'Empire anglais. En 1705, on y comptait plus de 400 esclaves.

Boston
ou l'esprit de rébellion

Au début du XVIIIe siècle, pendant la période coloniale, l'Angleterre est endettée, notamment à cause de la guerre avec la France. La Couronne relève les taxes de plus en plus régulièrement, d'abord sur le timbre (« Stamp Act »), puis sur le papier et le thé… Pendant ce temps, les architectes de la révolution américaine, Samuel Adams, Paul Revere, Daniel Webster et James Otis forment des comités révolutionnaires. Au paroxysme de la tension, des soldats des forces anglaises tirent sur cinq colons (c'est le Boston Massacre) en pleine rue. En 1771, a lieu la bataille de Bunker Hill et, en 1773, la Boston Tea Party, en réponse à la hausse de l'im-

pôt sur le thé. En 1772, un immense incendie détruit une partie de la ville (le Downtown actuel). Le 4 juillet 1776, John Hancock (originaire de Boston) est un des signataires de la Déclaration d'indépendance à Philadelphie.

Boston aujourd'hui

Dans les années 1940, Boston entre dans une crise économique – ses ports sont moins attractifs que ceux de la côte ouest, les industries de manufacture s'installent dans le sud du pays, le crime sévit, les étudiants manifestent – bref, Boston devient une des villes les moins attrayantes de la côte est. Dans les années 1970, de terribles émeutes se déroulent dans les rues, en raison de problèmes liés au système de ségrégation. En 1974, des quotas de Blancs et de Noirs sont imposés aux établissements. Ce n'est qu'en 1999 que le Boston School Committee vote la fin de leur application. Dans les années 1970, Boston vit un renouveau, (Boston miracle), en partie grâce au développement de l'industrie high-tech et à l'action de deux anciens maires, Kevin White et Raymond Flynn.

« Bâteaux signes » au Boston Public, Garden.

Population et mode de vie

Démographie

Washington

La population noire américaine est majoritaire dans le district de Columbia (57 %). Malheureusement, une partie de la communauté vit dans un quartier pauvre qui souffre de la délinquance, le SouthEast, situé non loin de la rivière Anacostia et du Capitole. Les familles aisées vivent dans des quartiers du NorthEsat comme Adams Morgan ou U Street. Les quartiers du NorthWest sont plutôt aisés et à majorité blanche. Autres communautés : les Hispaniques (beaucoup de Salvadoriens qui habitent à Mount Pleasant) et les Asiatiques (Chinatown).

Philadelphie

Philly accueille d'importantes communautés d'Irlandais, d'Italiens et de Jamaïquains (2e rang national), de Portoricains (3e rang national) et de Noirs américains (4e rang national). A noter : les communautés hispaniques et asiatiques ont beaucoup augmenté ces dix dernières années. A une heure de la ville, la campagne pennsylvanienne compte la communauté d'amish la plus importante d'Amérique du Nord et du Canada.

New York

En 2000, pour la première fois dans l'histoire de New York, la communauté hispanique (plus de 350 000 résidents en 10 ans !) a dépassé en nombre la communauté noire. Cela est dû au taux de natalité supérieur des Hispaniques, mais aussi et surtout aux récentes vagues d'immigration. Aux groupes hispaniques traditionnels de New York (Portoricains : 789 172 – Dominicains : 406 806 – Colombiens : 77 154) se sont ajoutés d'autres groupes arrivés en masse par une immigration récente : Mexicains (plus de 100 000 immigrés en 10 ans pour un groupe qui compte désormais 186 872 personnes),

© AUTHOR'S IMAGE

Joueurs à Columbus Park (Chinatown, New York).

Equatoriens (25 000 immigrants en 10 ans pour un groupe qui atteint désormais 101 005 personnes). Les Dominicains continuent d'affluer (plus de 40 000 immigrants en 10 ans) et, depuis 2000, on observe une nette progression des Andins (Boliviens et Péruviens). La communauté hispanique, très disparate dans sa composition, n'en représente pas moins aujourd'hui que la deuxième grande communauté de New York, après les Blancs. A noter également que la communauté asiatique s'est fortement développée en 10 ans (plus de 280 000 résidents). La progression la plus spectaculaire de ces 10 dernières années s'est faite chez les Chinois : plus de 120 000 résidents.

Boston

Porte d'entrée de nombreux Européens au XIXe siècle (Irlandais, Italiens, Allemands), la population de Boston est aujourd'hui composée d'une importante communauté noire-américaine (un quart des habitants) et d'Hispaniques (surtout dans le quartier de Roxbury). Alors qu'en 1900, la moitié de la population de Boston est d'origine irlandaise, elle ne représente plus que 16 % aujourd'hui et se concentre dans le quartier de South Boston.

Mode de vie

Le droit à la différence existe vraiment aux USA, car c'est un pays qui abrite un nombre considérable de communautés avec leurs particularités sociales, culturelles et religieuses. Ce respect des autres se révèle dans des domaines collectifs, comme la diversité des lieux de culte, l'affichage bilingue des stations de métro (Chinatown), la traduction systématique en deux ou trois langues des circulaires scolaires destinées aux parents, des fiches de recensement de la population, des informations concernant les transports en commun ou des distributeurs bancaires s'adaptant aux minorités environnantes. De même, on retrouve cette tolérance vis-à-vis de l'homosexualité, réalité vécue sans honte ni retenue (un quart de la population new-yorkaise est gay ou lesbien, estime-t-on). Dans la vie quotidienne, exempte de regards réprobateurs, tout est permis, tout est admis, de l'excès pondéral à l'extravagance vestimentaire… Une situation qui reflète peut-être aussi un redoutable anonymat : du droit à la différence au droit à l'indifférence il n'y a qu'un pas.

Religion

La diversité des confessions est importante à Boston. Depuis le XIXe siècle, le chef-lieu du Massachusetts est le centre majeur du catholicisme aux Etats-Unis, avec le Boisi Center for Religion and American Public Life, la plus ancienne université jésuite des Etats-Unis. Boston est également le siège d'un archevêché catholique. Enfin, les descendants des émigrés d'Europe de l'Est constituent une communauté orthodoxe importante. Le judaïsme se trouve également bien représenté. A Philadelphie, la population noire américaine est également très présente (avec 43 % – 45 % de Blancs, 4,5 % d'Asiatiques, 0,3 % d'Indiens) tout comme à Washington, où il y a 57 % de Noirs, 38 % de Blancs, 3 % d'Asiatiques, 8,6 % d'Hispaniques et 0,3 % d'Indiens. (selon le Census Bureau).

Arts et culture

Littérature

Avec l'indépendance des colonies, le XVIIIᵉ siècle connut un grand tournant littéraire. La plupart des écrits de l'époque avaient trait aux relations entre les colonies et la mère patrie, ou aux problèmes liés à l'esclavage. Figure de proue en matière d'anti-esclavagisme, Mather publia, en 1706, *The Negro Christianized*, ouvrage allé-guant que les Noirs avaient le droit de recevoir une éducation religieuse et d'aller à l'église, idées révolutionnaires pour l'époque et qui firent des émules. Se multiplièrent également les récits de voyage, très différents des récits d'expédition en ceci qu'ils mettaient en avant le courage et la vaillance d'un personnage particulier, d'un héros, et non plus d'une collectivité, comme en témoigne par exemple *Travels Through the Interior Parts of North America* (1778), de Jonathan Carver ; l'importance de ces récits allait être décisive dans le tournant de la litté-rature. Parallèlement, on assiste au développement de la presse et du jour-nalisme et, jusqu'à la fin du siècle, à une remarquable prolifération d'écrits politiques, d'essais (*The Federalist*) ou de pamphlets, favorables ou opposés à la mise en place d'un Etat fédéral, qui jouèrent leur rôle dans la révolution américaine (Franklin, Thomas Paine, Thomas Jefferson).

La première fiction « digne de ce nom » voit le jour juste après la révolution américaine : il s'agit d'une histoire d'amour, *The Power of Sympathy*, écrite en 1789 par William Hill Brown. Cet ouvrage est considéré comme le premier roman américain. Suivent rapidement d'autres romans, comme *Charlotte Temple*, de Susanna Rowson, *The Emigrants*, de Gilbert Imlay ou *The Coquette*, de Hannah Foster. Lors de sa publication en 1851, *Moby Dick* (œuvre aujourd'hui considérée comme l'une des plus importantes de la litté-rature américaine) fait baisser la cote de popularité de son auteur, Herman Melville (né à New York), popularité acquise quelques années auparavant par ses récits de voyages et d'aventure. Il en est de même pour Hawthorne, dont les nouvelles publications fan-tastiques et morbides reçoivent un accueil plutôt négatif. Il faut croire que ce style nouveau, symbolique, sombre, métaphysique et complexe, contraste trop violemment avec la légèreté et l'optimisme du transcendantalisme. Ce qui ne décourage pas les nombreux auteurs aux antipodes du romantisme de laisser dans leurs ouvrages libre cours à leurs diverses obsessions : la mort, la folie, la violence. A l'épo-que, le maître en la matière est Edgar Allan Poe (*Tales of the Grotesque and Arabesque*, 1840).

En 1853, voit le jour la première fic-tion écrite par un Afro-américain, *The Clotel*, et, en 1859, la première fiction écrite par une femme, *Our Nig*. Du malaise ressenti par certains auteurs face aux abus de l'esclavage naît un genre nouveau : la fiction sentimentale. *Uncle Tom's Cabin* (1851), de Harriet Beecher Stowe, qui exprime les profondes convictions anti-esclavagistes du nord du pays, en est l'exemple le plus significatif. Après la guerre de Sécession naissent deux mouvements : le régionalisme et le réalisme. Avec l'urbanisation grandissante, le monde rural devient un objet d'intérêt littéraire. La notion de destin et de prédestinée de l'être humain vient d'éclore : on parle désormais de réalisme. Mark Twain en est le représentant le plus connu : *The Adventures of Tom Sawyer* et *The Adventures of Huckleberry Finn*, respectivement écrits en 1876 et 1884, proposent une vision réaliste de la vie et des personnages littéraires.

L'industrialisation, l'urbanisation et l'immigration croissante engendrent un tournant radical dans la littérature de 1900 à 1945. C'est Henry James qui va le mieux incarner la transition entre le XIXe et le XXe siècle, tant par les thèmes et l'ouverture sur la vieille Europe proposés par ses œuvres que par son réalisme psychologique, qui prend le pas sur le réalisme descriptif du siècle passé. Après la Première Guerre mondiale, le meilleur de la littérature américaine est produit à Paris. Parmi les écrivains fascinés par la catastrophe européenne, on trouve Ernest Hemingway (*The Sun Also Rises* et *A Farewell to Arms*), Scott Fitzgerald (*The Great Gatsby*), le dramaturge Thornton Wilder et les poètes Archibald MacLeish et Hart Crane. Pendant ce temps, aux Etats-Unis, on vit à l'heure du jazz. Chez John Dos Passos – *Manhattan Transfer* (1925) – la trame romanesque s'épaissit de fréquentes irruptions de l'actualité du moment, sous forme de chants populaires ou de titres de journaux, une technique inspirée des procédés cinématographiques, auxquels Dos Passos s'intéresse énormément. Au même moment, naît aux Etats-Unis un mouvement culturel des Noirs américains, le « Harlem Renaissance » (mouvement qui a duré de 1920 à 1930), dont les membres les plus connus pour leurs activités artistiques sont W. Du Bois, Jean Toomer et Zora Neale Hurston. Les écrivains de la Beat Generation, dont Jack Kerouac – connu principalement pour sa semi-autobiographie *On the Road*, publiée en 1957 et qui est devenu un livre culte –, William S. Burroughs, et les poètes Lawrence Ferlinghetti et Allen Ginsberg, vont exprimer rancœur et désapprobation envers la société jugée trop conventionnelle. Leur soif de liberté se reflète dans un style en rupture totale avec les règles narratives. Dès 1950, quelques écrivains comme J.-D. Salinger (*The Catcher in the Rye*, 1951), Vladimir Nabokov (*Lolita*, 1955 ; *Pale Fire*, 1962), Thomas Pynchon (*The Crying of Lot 49*, 1966), Kurt Vonnegut (*Slaughterhouse-Five*, 1969), Norman Mailer (*The Armies of the Night*, 1968) et Don de Lillo (*White Noise*, 1985) se font remarquer par des innovations formelles et certains thèmes abordés. La diversité culturelle continue à caractériser la littérature américaine des années 1970 jusqu'à nos jours. Les écrivains afro-américains (surtout des femmes) occupent une place de choix dans la littérature contemporaine : Alice Walker, qui connaît un immense succès (y compris à l'écran) pour *The Color Purple* en 1982, Gloria Naylor, dont le premier roman, *The Women of Brewster Place*, lui vaut le National Book Award en 1982, et, enfin, Toni Morrison, qui reçoit le prix Nobel de la littérature en 1993 et à qui l'on doit, entre autres, *The Bluest Eye* (1970), *Beloved* (1988) et *Jazz* (1992).

Musique

A Boston, Philadelphie ou Washington, la musique classique est mise en avant. A Washington, le National Symphony Orchestra est l'orchestre national des Etats-Unis. Les concerts, au Kennedy Center, sont nombreux et de qualité. A Boston, le bâtiment du Huntington Theatre abrite depuis 1925 le Boston University Theatre, le premier théâtre public américain. La ville jouit de plusieurs lieux de représentations, comme le Boston Symphony Orchestra, le Boston Ballet, le Wang Center for the Performing Arts, le Boston Pops, le Boston Philharmonic et le Boston Lyric Opera. L'académie de musique de Boston, The Boston Academy of Music, est l'opéra le plus célèbre de la ville.

A Philly, la scène musicale bouillonne. L'héritage musical est riche et varié, allant de la musique irlandaise traditionnelle à la musique classique, en passant par la musique pop, rock et le jazz. Bruce Springsteen, Pink, Ursula Rucker, The Roots, Scoollt-D et Jill Scott sont quelques-uns des groupes phare de la ville. La variété des styles musicaux de Philadelphie met en lumière également la diversité de sa population (Noirs-américains, les branchés de South Street...). Au siècle dernier, les jazzmen de Philly ou bien ceux venus de Baltimore, Washington et New York donnent des représentations au Standart Theatre. Les artistes de jazz sont majoritairement noirs, à l'instar du grand Ethel Waters, mais aussi italiens, comme Eddie Lang et Joe Venuti. Au XXe siècle, des grands noms se produisent comme John Coltrane et, dans les années 1990, des artistes comme Terell Stafford, Uri Caine et Christian McBride.

Peinture

Le climat intellectuel américain a été longtemps défavorable à la peinture. Jusqu'à la fin du XVIIIe siècle, elle se limite à l'exécution de portraits et ce

Fresque murale à Philadelphie.

n'est que vers la première moitié du XIXe siècle qu'apparaît le paysage, sous forme de scènes romantiques ou de vastes panoramas. Au début du XXe siècle, la peinture américaine est dominée par des tendances réalistes et des soucis d'ordre social : c'est ainsi qu'apparaît une école nationale réaliste à dimension nettement documentaire (le peintre le plus connu appartenant à ce courant est George Bellows).

L'art contemporain occidental fait ses débuts en Amérique à partir de la grande exposition Armory Show, qui a lieu à New York en 1913. Dès lors, deux styles se développent parallèlement : une peinture orientée vers le témoignage social et une peinture abstraite issue des tendances cubistes. Quelques années plus tard, une école, appelée American Scene, réunit certains artistes (Grant Wood, Edward Hopper…) dont le désir commun est de redécouvrir une réalité familière et provinciale propre à leur pays, en réaction à des courants expressionnistes véhiculés par des artistes venus d'Europe centrale, comme Max Weber, Gorky, John Marin…

Pendant la Seconde Guerre mondiale, l'Amérique accueille de nombreux artistes étrangers. La réaction ne se fait pas attendre : las du poids de l'influence européenne et de son envergure, quelques peintres américains (expressionnistes abstraits, comme Jackson Pollock, Willem De Kooning, Mark Tobey et Franz Kline) fondent l'école de New York, qui donne à la ville une importance internationale en matière artistique. Dans les années 1960, cette école tente de se renouveler en ressuscitant le dadaïsme : ce néodadaïsme (Rauschenberg, Jasper Johns, Louise Nevelson…)

© PHOTO BY JACK RAMSDALE FOR THE POVB

Fresque murale à Philadelphie.

engendre une peinture inspirée de la bande dessinée, des héros de cinéma ou des personnages de science-fiction.

Originaire d'Angleterre, le pop art se propage aux Etats-Unis, et particulièrement à New York, à la fin des années 1950. Dans cet art, qui intègre aux œuvres des débris d'objets de la vie quotidienne et des images tirées de la publicité ou des magazines, se distinguent Andy Warhol, Roy Lichtenstein, Claes Oldenburg… Mais, bientôt, une nouvelle génération d'artistes va créer des œuvres en trois dimensions, genre renouvelé dans les années 1990 par la notion du cadre sortant de sa fonction traditionnelle et devenant une œuvre d'art à part entière : James Rizzi et Charles Fazzino (tous deux New-Yorkais) en sont les principaux précurseurs.

La cuisine de la côte est

Produits du terroir dans le Vermont. Le Vermont est probablement l'Etat des Etats-Unis qui possède une vraie culture du terroir. Toujours très rurale, la qualité des produits locaux est excellente. En sillonnant l'Etat, le voyageur a de multiples occasions de s'arrêter dans des fermes pour déguster les produits et même y séjourner. Il serait dommage de ne pas goûter aux productions locales avec en vedette les fromages, la bière et bien entendu le sirop d'érable. Le Vermont Cheese Council regroupe près de 40 producteurs qui fabriquent plus d'une centaine de variétés de fromage au lait de vache, de chèvre, de brebis ou de buffle. Pâte dure ou pâte molle, frais ou affiné… même le cheddar peut être un fromage de qualité ! Depuis ces dernières années, cette production artisanale connaît un grand succès et la qualité et la variété des produits ne cessent de s'améliorer. Le Vermont compte également un nombre incroyable de petites brasseries artisanales ce qui fait de cet Etat un des plus gros consommateurs de bières du pays. Certains bars possèdent leur propre brasserie et il n'est donc pas rare de pouvoir déguster ces bières locales directement chez le producteur. Rafraîchissant ! Quant au fameux sirop d'érable, le Vermont est le plus gros producteur des Etats-Unis avec une production annuelle de presque 1,8 million de litres de sirop, ce qui est considérable puisqu'il faut environ 150 litres de sève pour obtenir à peine 1 litre de sirop pur. La sève est récupérée et bouillie au printemps mais il est possible de visiter les Maple Sugarhouses toute l'année.

Le homard, la star du Maine. Impossible de se rendre dans le Maine sans s'adonner au rituel incontournable de la dégus-

© AUTHOR'S IMAGE

Katz's Deli dans l'East Village à New York.

Pause déjeuner au South Street Seaport à New York.

tation du homard sous toutes ses formes : entier à la vapeur, en sandwich ou accompagné de sauce au brandy. Pour l'anecdote, plus de 3 millions de ces crustacés sont pêchés en un seul été au large des côtes du Maine. Une expérience à ne manquer sous aucun prétexte.

A Boston et à Cape Cod, la spécialité est le *clam chowder*, une soupe crémeuse avec des palourdes, des pommes de terre et des oignons. Elle se déguste dans tous les restos, dans des *cup* en plastique dans ceux à côté de la plage, ou bien dans des assiettes à soupe ceux de la ville.

Existe-t-il une cuisine typiquement new-yorkaise ? Ville d'exil par excellence, New York réunit autant de cuisines que de communautés immigrées. Laissant de côté les traditionnels *ham-cheese-chicken-veggies-burgers*, on peut y découvrir une foule de spécialités de tous les coins du monde. Les New-Yorkais cuisinent très peu. Ils disposent d'une multitude

d'établissements qui préparent plats cuisinés, salades variées, pizzas, etc., pour pas cher et livrés gratuitement à leur domicile sur simple coup de téléphone.

Philadelphie est connu pour le *cheese steack* (du bifteck au fromage). Pat Olivieri, le King of Steaks, serait l'inventeur du Philly Cheese steak. Au début des années 1930, alors qu'il vend des hot-dogs et qu'il en a assez d'en manger tous les jours, il se met à émincer de la viande de bœuf dans du pain italien, avec des oignons fris. Un nouveau sandwich est né. Quelques années après, le sandwich commence à se vendre avec du fromage, appelé Cheese Whiz.

Dans la région de Washington, on déguste le *crab cake*, de la chair de crabe tendre et savoureuse, préparée de différentes façons selon les restaurants. La baie de Chesapeake est connue pour sa grande concentration de crabes. A Baltimore, par exemple, on les sert en forme de boules, avec de la mayonnaise ou de la moutarde, des herbes et autres condiments. Le plat, servi avec des accompagnements différents selon les restaurants (frites, légumes…), est savoureux.

Bretzels.

Enfants du pays

Woody Allen (1935)

Pour des millions de cinéphiles dans le monde, il est le New-Yorkais par excellence : un citadin névrosé sur les bords, juif errant en perpétuel questionnement qui met en images et en mots les maux de la vie urbaine. Il a la réputation de ne jamais quitter New York et vit sur la 5th Avenue dans les lourdes boiseries d'un penthouse de luxe dont les terrasses dominent Central Park. Woody Allen a commencé sa carrière à Brooklyn, alors qu'il était encore enfant, en expédiant des blagues d'une ligne à des columnistes de la presse. Woody Allen a été récompensé pour *Annie Hall*, *Hannah et ses sœurs*, *La Rose pourpre du Caire*.

Paul Auster (1947)

Cet écrivain, beau brun ténébreux, vit loin des feux de la rampe, à Brooklyn, dans le quartier de Park Slope. Il faut lire *La Trilogie new-yorkaise* qui l'a fait connaître, puis *L'Invention de la solitude*, le *Voyage d'Anna Blum*, *Moon Palace*, *La Musique du hasard*, *M. Vertigo*, *Brooklyn Follies*.

Robert De Niro (1943)

Robert De Niro est un des acteurs américains les plus connus. Pur produit de New York, fils d'Italo-américains tendance *arty* (Robert de Niro Sr. et Virginia Admiral sont des artistes touche-à-tout : peinture, sculpture, poésie), De Niro est né en 1943 et grandit à Little Italy, où il fait les 400 coups avec des petits gangs de quartier. L'actorat l'attire assez tôt : il joue dans *L'Ours* de Tchekov à 16 ans. Une révélation personnelle qui le mènera dans une tournée ininterrompue de 15 ans à New York entre cabarets, dîners-spectacles et pièces de théâtre off-Broadway. Il suit à cette époque les cours de Stella Adler et Lee Strasberg, les instigateurs du Method Acting, élément fondateur de l'Actor's Studio. Il débutera au cinéma dans *The Wedding Party*, *Greetings* et *Hi, Mom !*, trois films réalisés par Brian de Palma.

Larry Joe Bird (1956)

Parfois surnommé Larry Legend, Bird est l'un des meilleurs joueurs de l'histoire de la NBA. Les Boston Celtics le repèrent en 1978 - il jouera dans ce club toute sa carrière.

Match de basket à Washington Place (The Village).

Washington Monument.

Un des moments inoubliables de son parcours est le duel avec Magic Johnson (Los Angeles Lakers) en 1979 pendant la finale de la NCAA. Pendant dix ans, le pays se passionne pour ces deux joueurs. L'acharné de l'entraînement met fin à sa carrière en 1992, en raison d'importantes douleurs au dos.

Matt Damon (1970)

L'acteur et scénariste Matt Damon naît à Cambridge et grandit à Boston. Après des études littéraires à Harvard, il débute sur les planches (*The Speed of Darkness*, de Steve Tesich) puis décroche une succession de seconds rôles au cinéma, dans *Mystic Pizza*, de Donald Petrie (1988) et dans *À l'épreuve du feu* (1993), avec Meg Ryan. Ne perdant pas de temps, il se met à écrire le scénario du film *Will Hunting* avec son ami Ben Affleck. Après sa sortie (1997), le long-métrage réalisé par Gus Van Sant obtient l'Oscar du meilleur scénario et l'Ours d'argent à Berlin. Damon enchaîne les rôles : *Il faut sauver le soldat Ryan* (1998), de Steven Spielberg, *Le talentueux Mr Ripley* (1999), d'Anthony Minghella, *Ocean's Eleven* (2001), de Steven Soderbergh, *Les Frères Grimm* (2005), de Terry Gilliam, *Syriana* (2006), de Stephen Gaghan, *Les Infiltrés*, de Martin Scorsese (2006) et l'excellente trilogie de *Jason Bourne* (2002, 2004, 2007).

Richard Gere (1949)

Le séduisant homme d'affaires dans *Pretty Woman*, né à Philadelphie, est le descendant de passagers du *Mayflower*. En 1980, sa carrière décolle. Il incarne le personnage principal de *American Gigolo* et celui de *An Officer and a Gentleman*. Le film fait un tabac ! L'acteur, converti au bouddhisme et marié à l'actrice Carey Lowell, a plus de 30 films à son actif.

Edward James Norton (1969)

Né à Boston, cet acteur venu des planches s'est fait connaître en 1996 pour son rôle dans *Peur primale*, avec Richard Gere. Il se retrouve nominé aux Oscars dans la catégorie du « meilleur second rôle ». Ensuite, il enchaîne les succès (*American History X*, *Fight Club*) et joue notamment dans la comédie musicale de Woody Allen, *Tout le monde dit I love you*.

En tant qu'acteur, il a joué dans une quinzaine de films, dont *Larry Flynt* de Milos Forman (1996), *Au nom d'Anna*, où il est aussi réalisateur et producteur (2000), *La 25ᵉ heure*, de Spike Lee (2002), *Kingdom of Heaven* de Ridley Scott (2005), dans lequel il interprète anonymement le roi lépreux de Jérusalem.

Will Smith (1968)

Né à Philadelphie, Will Smith est à la fois acteur, producteur de cinéma et chanteur de hip-hop. Après des études secondaires brillantes, il refuse une bourse pour étudier au Massachusetts Institute of Technology (MIT) afin de se consacrer à la musique. Il commence sa carrière musicale comme DJ et producteur, en collaboration avec son ami Jeff Townes. Leur premier succès commercial, *Parents just don't understand*, arrive dans les bacs en 1989. Ils remportent un Grammy Award pour la « meilleure performance rap ». Will Smith accepte ensuite de jouer dans *Le Prince de Bel-Air*, une sitcom basée sur sa vie, où il incarne le rôle d'un adolescent des rues de Philadelphie qui débarque dans la famille aisée de son oncle à Bel-Air, à Los Angeles. Au cinéma, Will Smith commence avec le *blockbuster Independence Day*. Ensuite, il enchaîne avec *Men in Black*, *Wild Wild West*, puis *Ali* en 2001.

Uma Thurman (1970)

Née à Boston, l'égérie de Quentin Tarantino est issue d'une famille intellectuelle et bohème. Vers 15 ans, elle quitte sa ville natale pour New York. Vite repérée par un agent, la jeune femme joue son premier rôle au cinéma en 1987, dans *Kiss daddy goodnight*, de Peter Huemer, où elle incarne une vamp. Sa popularité grandit avec ses rôles dans *Les Liaisons dangereuses* (1988), aux côtés de John Malkovich, dans *Le Baron de Münchhausen* (1989) de Terry Gilliam, et dans *Sang chaud pour meurtre de sang-froid*, avec Richard Gere et Kim Basinger. Sa notoriété se renforce avec son rôle dans *Pulp Fiction* (elle y incarne le personnage déjanté de Mia Wallace) en 1994 puis, plus récemment, dans *Kill Bill 1* et *2*. Sa filmographie en impose : à 37 ans, la grande (1,82 m) et sensuelle Uma Thurman a tourné dans plus de 30 films. En 1994, elle obtient l'Oscar du meilleur second rôle féminin pour sa remarquable prestation dans *Pulp Fiction*.

Les heureux conducteurs des triporteurs à New York.

South Street Seaport
(Financial District
à New York).
© AUTHOR'S IMAGE

Washington et ses environs

Washington

Washington, DC pour les intimes (« district de Columbia »), qui porte le nom du premier président des Etats-Unis, George Washington, est la capitale fédérale des Etats-Unis d'Amérique, mais ne fait partie d'aucun des Etats fédérés américains (son territoire originel a été pris aux Etats voisins de Virginie et du Maryland). Moins trépidante que New York, moins historique que Boston, Washington a quand même plus d'un tour dans son sac pour séduire le visiteur. Ce qui frappe de prime abord, c'est que c'est une ville aérée et sans gratte-ciel, dotée de larges avenues et de vastes espaces verts comme à l'image de l'emblématique National Mall. C'est donc une ville très agréable à parcourir à pied.

Autour du Mall

■ CAPITOLE

Le bâtiment est composé d'un immense dôme imité de celui du Panthéon de Rome, et de deux ailes, le Sénat et la Chambre des représentants. En 1791, le président George Washington, en collaboration avec l'architecte français l'Enfant, a décidé que le Capitole serait construit au point de rencontre des quatre quartiers principaux de Washington. La construction a été confiée à l'architecte allemand Henry Latrobe. Toutefois, en 1815, les Anglais ont détruit ce qui a été érigé. L'architecte Charles Bulfinch a pris le relais et achevé la construction d'une partie du bâtiment en 1824. L'ensemble n'a été terminé qu'en 1867. En haut du Capitole trône la statue

Le Capitole.

de la Liberté (un aigle est posé sur la tête de la femme et une patte de l'animal lui cache l'oreille), emblème de la liberté des individus et de la fin de l'esclavage à Washington, en 1863. La statue, inspirée de modèles grecs et romains, a été réalisée en 1855 par le sculpteur Thomas Crawford. A noter : la construction du Capitol Visitor's Center, où est notamment relatée l'histoire du bâtiment, a été achevée en janvier 2007. Le centre, flambant neuf, mérite le détour.

■ WASHINGTON MONUMENT
Inspirée de l'obélisque de la place de la Concorde à Paris, c'est la plus haute structure de maçonnerie au monde. On peut monter à son sommet. Billets gratuits, disponibles au kiosque situé 15th Street et Jefferson Avenue ; ouvert de 8h à 16h30 (y aller tôt).

■ LINCOLN MEMORIAL
Erigé en hommage au président Abraham Lincoln, ce mémorial est l'œuvre de Daniel Chester French, qui s'est inspiré pour le construire des temples grecs doriques. Le monument abrite une immense statue de Lincoln. C'est là que Martin Luther King a prononcé son fameux discours « I have a Dream », le 28 août 1963.

■ JEFFERSON MEMORIAL
Au milieu de la rotonde de style néoclassique, trône une statue du 3ᵉ président des Etats-Unis.

■ MÉMORIAL DE LA GUERRE DE CORÉE
La statue d'acier représente un groupe de 19 soldats qui avancent sous la pluie sur le champ de bataille.

Washington by night.

■ MÉMORIAL DES VÉTÉRANS DE LA GUERRE DU VIÊT-NAM
Le monument est composé de trois éléments : un mur de granit portant les noms des 58 249 victimes (morts et disparus) américaines de la guerre du Viêt-Nam, construit par Maya Ying Lin en 1982 (entreprise controversée sous Reagan, qui ne voulait pas la construction du monument) ; la statue des Three Servicemen (ajoutée en 1984), de Fredrick Hart ; et le Vietnam Women's Memorial (ajouté en 1993), signé Glenna Goodacre.

■ AFRICAN-AMERICAN CIVIL WAR MONUMENT
Ce grand bronze, appelé *Spirit of Freedom* et érigé en 1998, rend hommage aux Noirs américains qui se sont battus pendant la guerre civile américaine. Les noms des combattants sont inscrits à côté du mémorial, sur le Wall of Honor. Les soldats de The United States Colored Troops (USCT) ont joué un grand rôle dans l'abolition de l'esclavage.

White House.

■ NATIONAL GALLERY OF ART

Le musée est immense, on pourrait y passer plusieurs jours. Le West Building fut ouvert en 1941. C'était, à l'époque, le plus grand bâtiment de marbre au monde. On y trouve l'art italien du XIIIe au XVIIe siècles, l'art espagnol du XVIe au XIXe siècles, l'art hollandais et flamand du XVe au XVIIe siècles, l'art français du XVIIe au XIXe siècles, l'art anglais et l'art américain. L'East Building fut ouvert en 1978. Peinture et sculpture moderne et contemporaine. Expos temporaires toute l'année.

■ NATIONAL MUSEUM OF THE AMERICAN INDIAN

Le musée national des Amérindiens, conçu en étroite collaboration avec deux Amérindiens des tribus Cherokee et Hopi, met ingénieusement en scène le mode de vie, l'histoire et l'art des Amérindiens dans l'hémisphère Ouest. Le bâtiment de 5 étages mérite qu'on l'observe un moment : sa forme curviligne, sa couleur jaune pâle et sa façade revêtue de castine de Kasota (Minnesota) rappellent l'environnement amérindien. Ouvert en 2004, ce très beau musée se dresse devant le Capitole avec grâce et force. Il s'intéresse au peuple indien actuel, mais il n'évoque jamais l'extermination des Indiens après la découverte du Nouveau Monde par les pionniers anglais… A l'extérieur, la reconstitution de l'environnement amérindien est une réussite, splendide et apaisante.

■ NEWSEUM

La plus récente addition aux musées du Mall, ouverte en avril 2008, est ce lieu dédié aux médias américains, presse écrite, radio et télévision. Ce nouveau musée se veut très interactif. On est impressionné par l'immense mur d'images où défilent certains reportages des dernières décennies. Une courte histoire de la presse est présentée, un film très émouvant sur le 11 septembre 2001 est diffusé avec en parallèle un mur des unes des journaux du monde entier sur cet événement. Les faits marquants du XXe siècle aux Etats-Unis sont passés en revue sur des écrans alors que la une de 80 journaux internationaux est mise à jour quotidiennement. La vue depuis la terrasse du bâtiment est, en outre, très appréciable.

■ HIRSHORN MUSEUM AND SCULPURE GARDEN

La collection d'art du XXe siècle de Joseph Hirshorn est installée dans un musée construit par Gordon Bunshaft (et appelé le « doughnut » par les Américains). Œuvres de Dubuffet, Picasso, Brancusi, Rothko, Giacometti, Hopper, Oldenburg et Warhol. Voir aussi le Sculpture Garden, à l'extérieur.

■ ARTHUR M. SACKLER GALLERY

Le musée a été ouvert en 1987. Sa collection permanente (environ 1 000 pièces) comprend des meubles de la dynastie chinoise Ming (1368-1644) et des sculptures du sud et du sud-est de l'Asie. Ne pas manquer les sublimes statues de dieux hindous. Le musée s'intéresse aussi aux artistes asiatiques contemporains. Récemment, il a accueilli une installation de l'artiste japonais Yayoi Kusama, qui a recouvert quelques murs de points rouges. Bref, un musée très en vogue actuellement. Un passage souterrain permet de rejoindre la Freer Gallery of Art.

■ FREER GALLERY

Elle réunit des pièces collectionnées par James McNeill Whistler dans les années 1880 (poterie chinoise, sculpture de temple hindou…), ainsi que des œuvres de peintres américains du XIXe siècle.

■ NATIONAL MUSEUM OF NATURAL HISTORY

Squelettes de dinosaures ; 247 spécimens d'animaux provenant d'Afrique, d'Amérique du Nord, d'Amérique du Sud et d'Australie ; une expo sur les sikhs, avec des textiles et bijoux du nord de l'Inde et du Pakistan du XVIIIe siècle à nos jours, des diamants et des pierres sublimes, et un très populaire cinéma I-MAX.

■ BUREAU OF ENGRAVING AND PRINTING

De septembre à avril, il n'y a pas trop de files d'attente. Par contre, en été, on devra aller prendre les billets (indiquant l'heure de votre visite) à Raoul Wallenberg Place. S'y rendre à 7h45 pour être certain d'obtenir un billet. Une visite qui nous apprend comment les 37 millions de billets fabriqués par jour sont imprimés, coupés et empilés (en liasse).

Downtown

■ WHITE HOUSE (MAISON-BLANCHE)

On ne peut pas la visiter, à moins d'en faire la demande auprès de son ambassade (à Washington) 6 mois à l'avance, ou bien de connaître un membre du Congrès qui ferait une demande pour vous, au moins un mois avant la visite. C'est le plus ancien bâtiment public du district de Columbia.

■ LAFAYETTE SQUARE

Aux XVIIIe et XIXe siècles, c'était un lieu craint des habitants de la ville, qui n'y allaient pas. On disait, en effet, qu'il y avait là des fantômes de personnages connus qui y avaient habité, comme Dolly Madison, la femme du premier président des US (maison jaune à l'entrée du square, dans H Street), et Steven Decatur, un membre de la Navy. Aux quatre coins du square, s'élèvent des statues de personnages qui ont pris part à la guerre civile. L'une de ces statues représente le général Lafayette. Au milieu du square se trouve la statue d'Andrew Jackson, qui a massacré de nombreux Indiens de la tribu Cherokee. Dans H Street, on pourra visiter la St John Church.

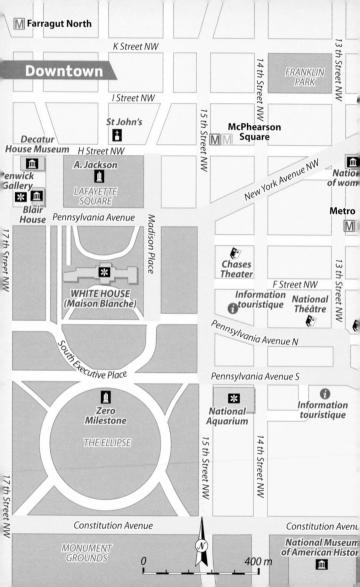

Légende

	Principaux bâtiments
🏛	Musée
✳	Curiosité
✝	Edifice religieux
⬛	Monument
🎭	Théâtre
ⓘ	Information touristique
M	Station de métro
✉	Poste

K Street NW

Mt Vernon Square

York Avenue NW

Poste ✉

9 th Street NW

8 th Street NW

6 th Street NW

Vers National postal museum

11 th Street NW

10 th Street NW

H Street NW

H Street NW

Gallery Place-Chinatown

M M

Nat. Museum of American Art, Smithsonian American Art Museum et Nat. Portrait Gallery 🏛

MCI Center ✳

G Street NW

Street NW

St Patrick ✝

F Street NW

F Street NW

7 th Street NW

Ford Theater 🎭

🏛

International Spy museum ✳

Street NW

9 th Street NW

E Street NW

FBI Building

Shakespeare Theater 🎭

5 th Street NW

Judiciary Square Abraham Lincoln ⬛

Pennsylvania Avenue NW

D Street NW

D Street NW

6 th Street NW

M M

Federal Triangle

10 th Street NW

National Archives 🏛

Pennsylvania Avenue NW

John Marshall ⬛

MARSHALL PARK

M M

Archives Navy Mémorial

Constitution Avenue

National Museum of Natural History 🏛

THE MALL

National Gallery of Art 🏛

■ U.S. HOLOCAUST MEMORIAL MUSEUM

Films, photos, documents et objets racontent la Shoah. Pour le mémorial, il faut se munir d'un billet délivré à l'entrée du musée située dans la 14th Street. Pas de billet pour Hall of Remembrance et les expos temporaires. L'architecture moderne du musée est remarquable. On sort retourné de cette visite très dure mais indispensable pour ne jamais oublier.

■ NATIONAL ARCHIVES

On y expose les documents originaux de la Déclaration d'indépendance, de la Constitution et de la Bill of Rights.

■ LIBRARY OF CONGRESS

Trois bâtiments composent aujourd'hui la plus grande bibliothèque du monde, fondée en 1800 : le Thomas Jefferson Building (1897), où se trouve le Visitor's Center ; le John Adams Building (1938) ; et le James Madison Memorial Building (1981). On remarquera le beau plafond doré de la grande salle de lecture. La bibliothèque dépend de la branche législative du gouvernement américain.

■ WATERGATE BUILDING

Bâtiment célèbre depuis le fameux scandale politique. L'administration de Nixon avait mis sous écoute le clan politique adverse, celui des démocrates, à la suite de quoi le président dut démissionner.

■ DONALD W. REYNOLDS CENTER FOR AMERICAN ART AND PORTRAITURE

C'est le nouveau nom de ce musée qui a rouvert le 1er juillet 2006 après des années de travaux de rénovation. Construit entre 1836 et 1868 (en style Greek Revival), le Old Patent Office Building, l'un des plus anciens bâtiments publics de la ville, abrite donc désormais le musée d'art américain, The Smithsonian American Art Museum, ainsi que la galerie de portraits, la National Portrait Gallery, qui raconte l'histoire américaine et expose les portraits de personnalités qui ont contribué à la faire. L'ambition du Smithsonian American Art Museum est de mettre en valeur l'histoire du pays, de sa naissance à nos jours, au moyen de tableaux, dessins, sculptures et photographies (impressionnisme américain avec des œuvres de Mary Cassatt, paysages du XIXe siècle, réalisme et abstraction du XXe siècle, art afro-américain…). Même s'il est un peu compliqué de se repérer dans ce temple de l'art américain, on ne peut pas quitter la ville sans l'avoir visité.

■ CORCORAN GALLERY OF ART

C'est la plus ancienne galerie privée de Washington, fondée en 1869 par le banquier William Wilson Corcoran. A noter : l'aménagement des collections a sans doute changé car, au moment de notre visite, le musée était en cours de travaux. AU 2e étage, ne ratez pas la galerie réservée à la photographie et l'art contemporain. Et ne manquez pas le Salon Doré au rez-de-chaussée provenant de l'hôtel de Clermont, à Paris. Il fait partie de l'épatante collection permanente du XIXe-début XXe. Voir aussi le vitrail de la cathédrale de Soisson (XIIIe siècle).

■ RENWICK GALLERY

Le bâtiment (conçu par l'architecte Renwick) du premier musée de la ville a été construit en 1858, afin d'accueillir la collection de William Wilson Corcoran, un riche banquier de Washington. Le musée est surtout connu pour son très beau Grand Salon, en haut de l'escalier. Il est meublé dans

International Spy Museum.

l'esprit du XIXᵉ siècle et décoré dans le style victorien (années 1870-1880). L'Indian Gallery expose les tableaux de George Catlin, qui a peint des centaines de portraits d'Indiens ainsi que des scènes de leur vie quotidienne, comme la chasse au bison, avant qu'on ne le décime. Au même étage, on découvrira un mélange hétéroclite de design, bijoux et autres objets.

■ NATIONAL MUSEUM OF WOMEN IN THE ARTS

Ouvert en 1987, c'est un musée dédié aux femmes artistes. En 1937, Hans Hofmann écrivait à propos des toiles de Lee Krasner : « This is so good, you would not know it was painted by a woman » ! De nos jours, seulement 5 % de l'art visible dans les musées sont l'œuvre des femmes. L'existence de ce musée est donc très importante… La collection actuelle compte plus de 3 000 pièces.

■ INTERNATIONAL SPY MUSEUM

Le seul musée de ce genre au monde ! Il retrace l'histoire de l'espionnage depuis les temps bibliques jusqu'à nos jours, en privilégiant, semble-t-il, les espions qui venaient du froid. On y découvrira le « Sisterhood of Spies »,

quelques femmes espionnes, de la guerre civile au début du XXᵉ siècle ; l'évolution de l'espionnage en Russie ; les machines pour brouiller les messages, dont la machine allemande Enigma ; les gadgets/armes utilisés par les espions (pistolet caché dans un bâton utilisé par les sbires de Staline ; chaussure pour enregistrer (et diffuser en même temps) les conversations pendant la guerre froide, en usage parmi les agents du K. G. B. ; pigeon voyageur avec une caméra…). Egalement, une réplique de l'Aston Martin de 007 dans *Goldfinger* (1964). Un musée instructif et ludique.

■ NATIONAL AIR AND SPACE MUSEUM

C'est le musée le plus populaire de Washington ! L'aventure spatiale y est comptée et la mise en scène est spectaculaire. On y voit des appareils aérodynamiques, comme le Spirit of St Louis, de Lindbergh, et une reconstitution de la navette Apollo 11. Les expos permanentes sont consacrées à l'histoire de l'aviation et de la conquête de l'espace. Le I-Max Theatre et le Planetarium constituent deux attractions géniales.

■ NATIONAL POSTAL MUSEUM

The Duck Stamp Story, une excellente exposition consacrée à des timbres anciens, et On the Road, qui retrace l'évolution de la distribution du courrier, des années 1800 à nos jours.

Dupont Circle

■ PHILLIPS COLLECTION

Peu de collectionneurs à l'image de Duncan Phillips (1886-1966) ont pu constituer une telle collection, celle-ci est incomparable. Exposée dans ce qui fut sa maison, construite en 1897 (style Georgian Revival) et restaurée en 2005, la collection permanente comprend des œuvres d'une qualité exceptionnelle : Matisse, Van Gogh, Rothko, Hopper, Bonnard. Duncan a pu acquérir ces œuvres grâce à la relation privilégiée qu'il entretenait avec de nombreux artistes. Les expositions temporaires qui sont régulièrement organisées sont également d'une grande qualité.

Georgetown

■ GEORGETOWN UNIVERSITY

Cette université, fondée en 1789 par le jésuite John Carroll, est réputée pour son école de droit. Les jours de soleil, les pelouses du campus incitent à la paresse. Bill Clinton et Pat Buchanan (homme politique conservateur) y ont fait leurs études.

Capitol Hill - Anacostia

■ FREDERICK DOUGLASS NATIONAL HISTORIC SITE

Abolitionniste et grand porte-parole de la communauté noire américaine au XIXe siècle, ce site comporte, entre autres, la dernière résidence de Frederick Douglass (1818-1895).

Woodley Park - Cleveland Park

■ WASHINGTON NATIONAL CATHEDRAL

Cette immense cathédrale de style néogothique (avec gargouilles), la 6e plus grande au monde, a été achevée dans les années 1990, mais elle fait plus que son âge... Bâtie selon un plan en croix, c'est une construction à l'aspect massif impressionnant. L'intérieur est plutôt beau. L'extérieur est agréable également (jardins, bancs). Un ascenseur vous emmène en haut du bâtiment.

■ WOODLEY PARK ZOO

Fondé en 1891, le zoo abrite plus de 2 700 animaux appartenant à 435 espèces différentes (dont un tiers est en danger d'extinction). Les stars du zoo sont incontestablement les pandas géants et le plus jeune Tian Shan. La balade est agréable que l'on soit ou non intéressé par les animaux car le zoo fait partie du magnifique Rock Creek Park. On croise donc beaucoup de joggeurs à l'intérieur du zoo.

■ UPTOWN THEATER

Ouvert en 1936, un théâtre de style Art déco avec une façade rétro. Le soir, les titres des films s'allument et les petites lumières qui les entourent se mettent à clignoter, à clignoter...

En dehors du centre-ville

■ PENTAGONE

Construit en 1943, le QG du département de la Défense est le plus grand au monde ! Il emploie environ 23 000 militaires, sa surface est de 28 000 m^2 et il comporte un dédale de couloirs de 28 km.

Capitol Hill

1 st Street NW

New Jersey Avenue NW

E Street NW

PHOENIX PARK

E Street NE

Massachusetts Avenue NE

D Street NW

Louisiana Avenue NW

UNION STATION PLAZA

D Street NE

3 rd Street NE

2 nd Street NE

1 st Street NE

C Street NE

Poste

reet NW

Louisiana Avenue NW

Delaware avenue NE

Taft Mémorial Carillon

nstitution Avenue

Constitution Avenue

Maryland Ave.

Peace Monument

Capitol Visitor Center

Supreme Court

Grant Statue

U.S CAPITOL

East Capitol Street

Garfield Statue

Library of Congress

Botanic Garden

Independence Avenue

Independence Avenue

Bâtiments principaux

Curiosité

Monument

Edifice religieux

Poste

M Station Blue Line

Information touristique

et SE

South Capitol Street

2 nd Street SE

New Jersey Avenue SE

C Street SE

1 st Street SE

St. Peter

Vers Eastern Market

l center hwest

on Avenue SE

D Street SE

D Street SE

Capitol South

FOLGER PARK

3 rd Street SE

250 m

Ivy

Street

Vers Anacostia museum, Frederick Douglass national historic site

Situé à Arlington, en Virginie, c'est le cimetière militaire du pays, dernière demeure de 175 000 soldats tombés à la guerre. Il y a les tombes de l'équipage de la navette spatiale Challenger, celle du président John Fitzgerald Kennedy, de son frère Robert, assassiné lui aussi en 1968, et celle de sa femme Jackie Kennedy. Aussi, la tombe du Soldat inconnu, gardée par un soldat jour et nuit depuis 1937 ! Et la gigantesque statue en bronze intitulée Marine Corps Memorial (de Felix de Weldon), qui rend hommage aux marines morts au combat depuis 1775. On peut y voir les soldats qui plantent le drapeau américain à Iwo Jima.

Maryland

La capitale de l'Etat est Annapolis (fondée en 1651) et la plus grande ville est Baltimore. L'Etat est divisé en deux par la baie de Chesapeake, le plus grand estuaire des Etats-Unis. Elle est longue, large, ramifiée et de nombreuses petites îles y sont disséminées. Pour le touriste le Maryland est avant tout l'Etat où l'on fait des orgies de crabes entre deux balades au bord de l'eau dans la Chesapeake Bay.

Baltimore

Baltimore est à seulement 40 minutes en train de Washington. Une fois sur place, il y a deux choses essentielles à faire : aller au très beau musée Walters et s'attabler autour d'un plat de crab cakes. La ville doit son nom au fondateur de la colonie, Cecilius Calvert, lord Baltimore. Baltimore a toujours été un grand centre industriel du Nord-Est, comparable à New York et Philadelphie. On y trouve de nombreuses industries métallurgiques (chantiers navals, raffineries de pétrole, constructions automobiles et aéronautiques).

■ NATIONAL AQUARIUM

L'attraction n° 1 de la ville et c'est justifié. C'est un des plus importants aquariums du pays. On peut observer plus de 16 000 espèces marines dans les bassins répartis sur les 7 étages du bâtiment. Les dauphins et les requins sont bien entendu toujours les favoris des enfants. La balade est sympa car le cadre a été bien pensé.

Qu'est-ce la Smithsonian Institution ?

La Smithsonian Institution, un ensemble culturel de 19 musées et de 7 centres de recherche, doit son nom à l'Anglais James Smithson (1765-1829), qui a légué sa fortune (l'équivalent de 50 000 $) au gouvernement américain dans le but de créer un vaste centre culturel pour la promotion de la culture, de l'enseignement et de la recherche. Les motivations de ce legs très généreux restent peu claires, le donateur n'ayant jamais mis les pieds aux USA. Quoi qu'il en soit, en 1846, la Smithsonian Institution est créée à la suite d'une décision du Congrès américain. Son premier imposant bâtiment de briques rouges, érigé sur le Mall, s'appelle le Château et est conçu par l'architecte James Renwick (architecte de la cathédrale St Patrick à New York) dans un mélange des styles roman et gothique. Aujourd'hui, le Château est le siège de l'institution et le centre d'information pour l'ensemble des musées. A l'intérieur, trône une statue du fameux mécène James Smithson.

Monument Iwo Jima,
l'obélisque en arrière-plan.

© APOLLON - ICONOTEC

Les explications sont pédagogiques et une fois la visite terminée on se dit que l'on a appris beaucoup de choses sur le milieu marin. Des travaux devant s'étaler sur 10 ans promettent de faire de cet aquarium une attraction renversante !

■ BALTIMORE CIVIL WAR MUSEUM

En septembre 1862, pendant la guerre civile, la bataille d'Antietam Creek (appelée aussi bataille de Sharpsburg) fut le premier grand affrontement de ce conflit mené sur les terres du Nord. Cette bataille qui n'a duré qu'un jour a fait 23 000 morts et blessés, et fut l'une des plus sanglantes de l'histoire américaine.

■ THE WALTERS ART MUSEUM

A 15 minutes de marche du port, dans le quartier de Mount Vernon Cultural District. Le musée, dont l'architecture s'inspire de la cour intérieure du palazzo dell' Universita de Gênes, en Italie, a été fondé en 1909. Il abrite l'une des plus belles collections du pays, celle de Henry Walters (1848-1931). Parmi tous ses trésors, vous y trouverez des galeries réservées à l'Antiquité et au monde médiéval. Le Grand Salon est inspiré du Salon Carré du Louvre et présente de nombreux artistes français du XIXe siècle.

Annapolis

Annapolis est la capitale de l'Etat du Maryland, située à environ 30 miles de Washington, à l'embouchure de la Chesapeake Bay, le plus grand estuaire du pays. On y croise de nombreux marins en cours de formation à l'Académie navale des Etats-Unis (United States Naval Academy, fondée en 1845). Ils sont visibles surtout le week-end, quand des familles viennent leur rendre visite. Annapolis s'enorgueillit en effet d'être le lieu où l'on forme la Navy. L'autre curiosité de la région est le crabe et c'est surtout elle qui nous intéresse. On vient en effet de DC pour passer une journée à flâner dans les jolies petites rues d'Annapolis, jeter un œil aux voiliers amarrés dans le port, admirer les belles couleurs au coucher du soleil… mais surtout on vient profiter du menu « All you can eat crabs », c'est-à-dire des crabes à volonté !

The Walters Art Museum.

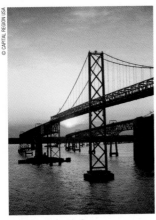

Le pont de Chesapeake Bay.

Balade

Après avoir fait un tour sur le port, où vous aurez peut-être eu la chance d'admirer un ou plusieurs splendides voiliers, remontez Main Street, vous y découvrirez notamment de charmantes boutiques de décoration et de souvenirs. En haut de la rue, se dresse le plus ancien Capitole des Etats-Unis. Annapolis vit de la pêche, de l'administration de l'Etat et de la présence de l'Académie navale du pays. A voir : le port, la vieille ville, la State House en haut de Main Street. Pour les amateurs de bateau, la US Naval Academy ouvre ses portes au public tous les jours de mars à décembre.

Chesapeake Bay

Bienvenue dans ces terres de marécages peuplées d'oiseaux… un vrai dépaysement à une heure à peine de la capitale du pays. Comme il fait bon vivre par ici. Le temps semble s'être arrêté. Villages de pêcheurs, restaurants de fruits de mer, longues plages et faune constituent les principaux attraits de la région. Easton et St Michael's sont deux des villages où faire une halte. La topographie des lieux se prête aux longues promenades à pied et à vélo. Une escapade idéale pour échapper à la vie trépidante des grandes villes. Des postes d'observation de la faune et des indications de trails sont notifiés le long de la route 33 entre Easton et Tilghman Island. N'hésitez pas à vous arrêter pour suivre ces trails sans grande difficulté ou observer les oiseaux survolant les marais. On observe de jolis martins-pêcheurs notamment.

■ EASTON

Ce petit hameau historique est populaire auprès des résidents de DC qui veulent faire une retraite dans ce coin paisible. On a l'opportunité d'aller écouter un concert dans l'historique Avalon Theatre restauré et qui a conservé son style Art Déco, ou de visiter un petit musée, l'Academy Art Museum qui propose une collection d'œuvres américaines et européennes du XIXe siècle. Ceux que l'histoire du village intéresse peuvent se joindre à un tour des sites et maisons historiques organisé par le Historical Society of Talbot County.

■ ST MICHAELS ET TILGHMAN ISLAND

St Michaels est un village de poupée au bord de l'eau. Littéralement pris d'assaut par beau temps, il n'en reste pas moins plein de charme. Le port abrite de nombreux voiliers et yachts de riches résidents de DC ou plus généralement de la côte est.

Il est bien agréable de faire un repas de fruits de mer au bord de l'eau. Le Chesapeake Bay Maritime Museum offre une visite instructive sur la vie maritime de la région et permet de faire une pause durant une longue journée de vélo ! Il est possible de rejoindre Tilghman Island en vélo, la distance les séparant étant seulement de 8 miles de routes plates. Le temps s'est comme suspendu sur cette petite île. On conseille vivement d'atteindre la pointe de l'île… plus on s'en rapproche plus le paysage est beau, les maisons coquettes et les majestueux rapaces au rendez-vous. Une très belle balade.

Virginie

La partie nord de la Virginie est avant tout une banlieue chic où rentrent chaque soir les fonctionnaires internationaux et autres fonctionnaires de l'Etat. Mais cette partie de l'Etat abrite néanmoins un site très visité, le Mount Vernon, qui fut la résidence de George Washington. Le site des Great Falls est également facilement accessible depuis Washington et constitue une excursion plaisante dans un très bel environnement naturel. Plus au sud de l'Etat, nous ne saurions trop recommander au visiteur de prendre le temps de découvrir la vallée de la Shenandoah et son splendide parc national. Les montagnes Appalaches ont fait par ici des merveilles et la meilleure manière de faire connaissance avec cette chaîne de montagnes est de suivre la fameuse Skyline Drive, un incontournable en automne ! La Virginie est, en outre, comme une sorte de frontière imaginaire. Le sud de l'Etat fait la liaison entre deux mondes, deux univers différents, le nord et le sud de la côte est…

Alexandria

On atteint Alexandria en traversant juste le Potomac depuis DC. La petite ville doit son nom actuel à John Alexander, qui a acheté le terrain où, en 1695, allait s'installer le premier camp de pionniers. Au début, la ville s'est appelée Belle Haven. La vieille ville est à 1 mile du centre de Washington. On pourra y visiter le George Washington Masonic National Memorial, la Torpedo Factory (galeries d'art et ateliers) et la très belle Carlyle House. On flâne avec plaisir dans les petites rues bordée de jolies maisons de brique rouge.

Les environs d'Alexandria

■ MOUNT VERNON

Belle vue sur le Potomac. La visite de la maison présidentielle passe par la salle à manger (mobilier du XVIIIe), la chambre à coucher, la cuisine, la partie de l'habitation réservée aux esclaves… Une ferme (très touristique), peuplée de figurants en costume d'époque et d'animaux, vient d'ouvrir au public. Le tout à moins de 1 heure de Washington…

■ GREAT FALLS

On accède aux Great Falls depuis Washington en suivant la Georgetown Pike. Une escapade idéale pour faire une pause dans la course aux visites et aux musées de DC. C'est un endroit prisé des habitants de DC et des banlieues environnantes pour un pique-nique le dimanche, de longues balades à pied ou à vélo en famille dans un cadre magnifique.

STEVEN F UDVAR-HAZY CENTER

Annexe gigantesque du musée de l'air et de l'espace de la Smithsonian Institution qui vaut vraiment le détour. C'est notamment ici qu'est exposé l'Enola Gay, ou encore un Concorde. Mais il y a en tout plus de 300 appareils. Les visites guidées sont très instructives, le musée très bien organisé et on en sort en ayant l'impression d'avoir appris beaucoup de choses.

Shenandoah National Park

La vallée de la Shenandoah est peu glamour au premier abord avec une population amoureuse des armes, de Dieu, de nourriture très grasse (la région connaît un taux d'obésité très supérieur à la moyenne !)... et des faits divers peu enthousiasmants comme le drame de l'université de Virginia Tech (la vallée concentre un très grand nombre d'universités). Mais allons au-delà de ces préjugés pour découvrir le joyau de la vallée, le parc national de la Shenandoah, ou l'une des plus belles régions de la côte est, facilement accessible depuis Washington.

SKYLINE DRIVE

Cette route suit la colonne vertébrale du parc national de la Shenandoah, les montagnes Blue Ridge. Longue de 105 miles, on met entre une demi-journée et une journée entière pour la parcourir selon le nombre de pauses que le conducteur décidera de faire. Cette zone est devenue parc national en 1926. On peut y observer des daims, des dindes sauvages, des lynx et même fréquemment des ours ! La route est ponctuée de nombreux points de vue. Les sentiers de randonnées sont pléthoriques et satisfont les marcheurs de tout niveau. Le premier point de vue remarquable qui se présente est le Pinnacles Overlook avec un impressionnant panorama sur la montagne Old Rag. Les marcheurs emprunteront le sentier de Whiteoak Canyon qui croise 6 belles chutes. On conseille en poursuivant sur la route de s'arrêter pour faire la courte ascension du mont Bearfence afin de jouir d'une vue à 360° sur les montagnes environnantes. Cette route est magnifique au printemps mais c'est à l'automne qu'on la préfère, quand les arbres se parent de couleurs incandescentes !

Shenandoah National Park.

Route panoramaique des *Blue Ridge*
au *Shenandoah National Park.*

© CAPITAL REGION USA

Philadelphie
et la Pennsylvanie

Philadelphie

Métropole de la Pennsylvanie (et non la capitale, qui est Harrisburg), Philadelphie est surnommé affectueusement « Philly » par ses habitants. La ville a été fondée en 1682 par le quaker anglais William Penn. Philadelphie est rapidement devenu le symbole de la tolérance religieuse, en accueillant des groupes religieux divers (sectes allemandes, baptistes irlandais et gallois, luthériens allemands au XVIIe siècle). Cette tolérance a été perpétuée jusqu'à aujourd'hui comme en témoigne la présence des 26 000 amish du comté de Lancaster (émigrés d'Europe aux XVIIIe et XIXe siècles). Philadelphie est une étape incontournable dans un circuit culturel de la côte est, elle compte en effet plus de 50 musées dont les célé-brissimes Philadelphia Museum of Art et Fondation Barnes. Philadelphie, qui a vu naître la démocratie américaine, est aussi la ville où se plonger dans l'histoire passionnante du pays. On n'oubliera pas de découvrir à pied ses différents quartiers, des plus résidentiels (Rittenhouse Square, Society Hill, South Philadelphia) aux plus animés et branchés tels que South Street et ses restos, bars et magasins décalés.

Sites historiques

Philadelphie est la capitale historique des USA. C'est ici qu'a été signée la Déclaration d'indépendance, en 1776, c'est donc l' « America's most historic square mile » (« l'endroit en Amérique qui a le plus d'histoire »). L'Independence Park (au cœur du quartier historique), dont la gestion est confiée au National Park Service, regroupe plusieurs musées consacrés à l'histoire des Etats-Unis et tous proches les uns des autres.

■ LIBERTY BELL CENTER
A côté de l'Independence Hall. On y découvre la très populaire Cloche de la Liberté (900 kg), placée dans ce hall de verre. Elle a été construite à Londres et transportée à Philly en 1752. Dans les années 1830, les abolitionnistes en ont fait le symbole de leur cause. Ils ont été les premiers à l'appeler la Liberty Bell. Film et panneaux racontent l'histoire de cet emblème de la liberté.

Vue de Philadelphie.

B. Franklin Bridge 30

Arch Street

6 th Street

5 th Street

3 rd Street

Filbert Street

bert Street

Filbert Street

Delaware Expressway

North Colombus Boulevard

DELAWARE RIVER

INDEPENDENCE NATIONAL HISTORIC PARK

4 th Street

Christ Church

2 nd Street

95

Market Street

M 5 th Station

Market Sreet

M 2 nd Station

Liberty Bell

Quartier historique

endence Hall

Chesnut Street

Congress Hall

INDEPENDANCE NATIONAL HISTORIC PARK

Carpenter's Hall

National park Visitor's Center

Great Plaza

Penn's Landing

ut Street

Walnut Street

Front

TON E

Willings Alley

Dock Street

Spruce Street

3 rd Street

Spruce Street

SOCIETY HILL

South Colombus Boulevard

Delaware Expressway

DELAWARE RIVER

6 th Street

Pine Street

mbard Street

Lombard Street

South Street

5 th Street

South Street Shopping Area

4 th Street

Bainbridge Street

South Front

Delaware Expressway

95

2 nd Street

DELAWARE RIVER

ter Street

N

Fitzwater Street

0   150 m

Edifice religieux
Point d'intérêt
M Station métro
Information

Le cheese steak de Philly

Ce sandwich, fait avec du pain rempli de viande de bœuf hachée, de fromage fondu (du provolone) et d'un peu de tout, selon son goût (un peu plus de fromage, des oignons, des champignons...), est la spécialité de Philly depuis les années 1930. En manger un (ou deux !) fait partie du séjour dans cette ville. Une expérience juteuse... Les adresses les plus connues :

■ PAT'S – KING OF STEAKS
1301 South 9th Street
℡ (215) 468 1546
www.patskingofsteaks.com

■ GENO'S STEAKS
1219 South 9th Street
℡ (215) 389 0659
www.genossteaks.com

■ JIM STEAKS
400 South Street
℡ (215) 928 1911
www.jimsssteaks.com

■ INDEPENDENCE HALL

Il fut construit entre 1732 et 1756. Ici a été signée la Déclaration d'indépendance et élaborée la Constitution des Etats-Unis. Prendre les billets le matin au Visitor's Center. L'heure de votre visite y est indiquée. Avant d'accéder à la cour, on passe devant le service de sécurité. Petit discours avant de pénétrer dans l'Assembly Room, la salle où a été signée la Déclaration d'indépendance du pays.

■ NATIONAL CONSTITUTION CENTER

Ce grand musée a pour vocation d'expliquer la Constitution américaine au public. Il s'en tire fort bien, au moyen de plus de 100 expositions interactives et multimédia, de statues grandeur nature de personnages comme Benjamin Franklin et George Washington, dans le « Signers Hall », et d'un film intitulé Freedom Rising, diffusé en boucle.

■ CONGRESS HALL

C'est ici que se réunissaient les membres du Congrès quand Philadelphie était la capitale du pays (entre 1790 et 1800). A l'étage, deux tableaux représentant Louis XVI et Marie-Antoinette, offerts par Valéry Giscard d'Estaing en 1976, à l'occasion du bicentenaire de la Déclaration d'indépendance des Etats-Unis.

■ CARPENTERS HALL

Situé en face du National Liberty Museum, le Carpenter's Hall a été construit entre 1770 et 1774. C'est au 2e étage de ce bâtiment, en 1775, que Bonvouloir (envoyé par Louis XVI) a rencontré les représentants de la cause révolutionnaire américaine, Benjamin Franklin et John Jay. Les membres du Congrès continental (représentants de 12 colonies) s'y sont rencontrés pour la première fois en 1774. A voir (sous verre) : le ballot box (la boîte à votes).

■ FRANKLIN COURT

Ce bâtiment de brique, de 1763, fut la demeure de Benjamin Franklin et de sa femme Deborah. Aujourd'hui, on peut y visiter la Printing House, une reconstitution de son imprimerie, Franklin ayant été éditeur de journaux. Un musée, situé au sous-sol, projette un film sur sa vie et expose du mobilier et des portraits de sa famille. Avant de partir, on peut aussi visiter une autre maison qui lui appartenait.

■ PORTRAIT GALLERY IN THE SECOND BANK OF THE UNITED STATES

La galerie réunit les portraits de personnages célèbres qui ont joué un rôle important dans l'avènement de la révolution américaine et la fondation du jeune pays. On y voit notamment Benjamin Franklin, Thomas Jefferson, George Washington, John Adams, Lafayette, Rochambeau, Martha Washington, la femme du premier président américain, Dolly Madison, le botaniste William Bartram, etc.

Musées

Philadelphie possède de nombreux musées de grande qualité. Les amateurs d'art seront enchantés.

■ PHILADELPHIA MUSEUM OF ART

Les collections (Europe, Asie et les Amériques) du 3e plus grand musée d'art aux Etats-Unis, créé en 1876, sont épatantes. Les 82 marches qui mènent au musée figurent dans une des scènes les plus connues du film *Rocky* (1976), où Sylvester Stallone les gravit à toute vitesse ! En bas des marches, il y a une statue du célèbre boxeur originaire de Philadelphie, que de nombreux fans prennent en photo. Au rez-de-chaussée, la galerie à gauche des escaliers est consacrée aux expositions temporaires. Pour le reste, tout est à voir ! Mais voici quelques salles qui méritent particulièrement le coup d'œil : la collection d'art européen (1850-1900), la collection d'art moderne et contemporain dont les salles consacrées au cubisme et la collection d'art américain. Au 1er étage, l'agencement de certaines salles évoque tantôt l'Empire du Soleil levant et autres contrées asiatiques, tantôt un cloître français du Moyen Age ou un temple hindou. Que de superbes voyages en l'espace de quelques mètres ! Le visiteur passe d'une salle sombre à une autre plus claire, et découvre de sublimes céramiques, tableaux, sculptures et gravures…

© PHOTO BY SCOTT FRANCES FOR THE POVB

Constitution Center.

Philly, capitale cinématographique

Philadelphie a été le lieu de nombreux tournages de films, dont parmi les plus célèbres :

▶ **Rocky Balboa**, le sixième et dernier de la série, est sorti en Europe début 2007. Plusieurs Rocky (Rocky en 1976, Rocky II en 1978, Rocky III en 1981, Rocky V en 1990) ont été tournés à Philadelphie, rendant célèbres les marches du musée d'Art. Les empreintes de pas de Stallone ont été gravées dans le ciment.

▶ **Une partie du film Witness (1984)**, de Peter Weir, avec Harrison Ford, se passe à Philly. Le film se passe dans la communauté amish et raconte leurs culture et traditions.

▶ **Philadelphia (1994)**, de Jonathan Demme, avec Tom Hanks et Denzel Washington.

▶ **L'Armée des 12 singes (1995)**, de Terry Gilliam, avec Bruce Willis et Brad Pitt.

▶ **Le Sixième Sens (1999)**, de M. Night Shyamalan, avec Bruce Willis et Haley Osment, a également été réalisé dans les différents quartiers de la ville. Shyamalan est d'ailleurs revenu tourner à plusieurs reprises dans Philadelphie et ses environs (Incassable, Le Village, Signes).

■ MUSÉE RODIN

128 pièces ! C'est la plus importante collection d'œuvres de l'artiste après celle du musée Rodin de Paris. Le visiteur est accueilli par la célèbre sculpture Le Penseur. Un musée intime où l'on découvre quelques pièces majeures, dont Les Bourgeois de Calais et La Porte de l'Enfer.

■ PENNSYLVANIA ACADEMY OF THE FINE ARTS

C'est la première école et le premier musée des Beaux-Arts aux Etats-Unis, installés en 1876 dans un grand bâtiment construit par l'architecte Frank Furness. La collection comprend environ 1 800 œuvres d'artistes américains, tels que Charles Willson Peale, William Rush, Thomas Sully, Thomas Eakins, Thomas Aanshutz, Mary Cassatt, Cecilia Beaux, William Merritt Chase, Henry Ossawa Tanner, Charles Grafly, Maxfield Parrish, Robert Henri, John Sloan, William Glackens, Everett Shinn, George Luks, Violet Oakley, Arthur B. Carles, Daniel Garber et Robert Gwathmey. A voir tout particulièrement : Penn's Treaty with the Indians, de Benjamin West (1771-1772) ; George Washington (The Lansdowne Portrait) (1796), de Gilbert Stuart ; The Artist in his Museum (1822), de Charles Willson Peale ; et The Fox Hunt (1893), de Winslow Homer.

■ THE FRANKLIN

Une immense statue de Benjamin Franklin nous accueille à l'entrée de ce musée, qui plaira beaucoup aux enfants. On y apprend comment fonctionne le cœur, on peut monter sur un vélo de plusieurs mètres de haut, visionner les films instructifs que propose le I-Max (écran 360° ; le corps humain, le fond des mers, la planète Mars…). Le Planétarium montre des merveilles et pose une question cruciale (vie et mort d'une étoile, sommes-nous seuls dans l'Univers ?).

■ CATHÉDRALE DE PIERRE ET PAUL

De style classique, elle fut construite en 1864. Les fresques du chœur illustrent la vie de saint Paul et de saint Pierre.

■ CITY HALL

La mairie, le plus grand bâtiment municipal du pays, a été construite dans un style néo-Renaissance de la fin du XIXe siècle. Possibilité de monter dans la tour. La statue de William Penn (27 tonnes) qui coiffe le sommet est de Calder. C'est la plus grande sculpture au monde jamais placée en haut d'un bâtiment.

■ STATUE LOVE

Cette statue de Robert Indiana orne depuis 1976 la place JFK, en face du City Hall. Le sculpteur l'avait prêtée à la ville à l'occasion des cérémonies du bicentenaire de Philadelphie, « la ville de l'amour fraternel ». Les lettres « L » et « O » sont posées au-dessus des lettres « V » et « E ». Un homme d'affaires racheta l'œuvre, qui ne disparaîtra désormais plus de la vue des habitants et des visiteurs.

■ EASTERN STATE PENITENTIARY

A 5 blocs du Philadelphia Museum of Art. Le premier pénitencier au monde où furent enfermés les criminels américains les plus connus. A voir : la cellule d'Al Capone. Chaque année, le 14 juillet y est célébré en costumes !

■ NATIONAL LIBERTY MUSEUM

Un musée instructif, dédié à la cause de la Liberté ! A voir : au sous-sol, le grand puzzle *What do you stand for*. Au rez-de-chaussée, dans la salle par laquelle on pénètre dans le musée, la petite biographie des 20 Américains qui ont reçu le prix Nobel de la paix, dont Martin Luther King Junior et Théodore Roosevelt.

© PHOTO BY EDWARD SAVARIA FOR THE PCVB

La statue Love *en face du City Hall.*

Au 1er étage, on rend hommage aux Américains connus, comme Muhammad Ali, Michael J. Fox, Christopher Reeve et Helen Keller. Au 2e étage, la salle de gauche honore des héros de la liberté d'un peu partout dans le monde, comme Anne Frank et André Trocmé (photo et petite biographie), héros qu'elle oppose vigoureusement à des tyrans d'Arabie saoudite, de la Corée du Nord, du Zimbabwe, avec une définition des mots « tyran », « despote » et « dictateur ». On y fait la part belle à Hitler, Milosevic, Ceaucescu et Saddam Hussein, dont les photos sont barrées d'une croix. La salle de droite, interactive, dénonce la violence dans les écoles américaines, en exposant notamment des affiches de films et en diffusant une vidéo sur les armes. Sur les murs des escaliers, des photos des « héros » qui ont perdu la vie le 11 septembre 2001.

■ CHRIST CHURCH

Dans cette église bâtie en 1754, venaient se recueillir les signataires de la Déclaration d'indépendance, tels George Washington et Thomas Jefferson. Pénétrant par de grandes fenêtres, la lumière inonde généreusement l'espace. Les cloches, importées d'Angleterre, sont d'époque et sonnent le dimanche. A 10 minutes de marche de là, au cimetière de l'église, à l'angle de Arch Street et 5th Street, se trouvent la tombe de Benjamin Franklin et celles d'autres héros de la révolution américaine.

Les environs de Philadelphie

■ BARNES FOUNDATION

C'est un des plus beaux musées des Etats-Unis, avec une collection d'environ 9 000 tableaux impressionnistes, dont 181 Renoir, 69 Cézanne, 59 Matisse, 46 Picasso, et des œuvres de Van Gogh, Degas, Gaugin, Manet, Monet et Seurat. C'est la plus importante collection privée d'art impressionniste et postimpressionniste. Le musée expose aussi des poteries fabriquées par des natifs d'Amérique, de l'art du Mexique, de la Chine et de l'Afrique. La collection, créée pour « promouvoir le progrès de l'éducation et l'appréciation des Beaux-Arts », selon les mots du Dr Barnes, va bientôt déménager dans le centre-ville, entre la 20th Street et le Benjamin Franklin Parkway.

Le Philadelphia Mural Art Program

En vous baladant à Philly, vous verrez de nombreuses grandes fresques murales. La plupart du temps, ce sont des portraits d'artistes et de héros de certaines communautés. D'autres créations sont moins figuratives et symbolisent la paix (comme Peace Wall), l'intégration, etc. Quelques exemples : Sounds of Philadelphia (musiciens américains), en face de chez Pat's ; Summary of Mummery (parade du Nouvel An) et The Secret Book. Le passage des graffitis aux fresques murales date de 1984 et a été initié par le maire de l'époque, Wilson Goode. L'idée de départ était d'embellir la ville et de donner du boulot aux faiseurs de graffitis. Chaque « mural » est une œuvre collective de quelques personnes d'un même quartier ou d'une même communauté. Des cours de peinture sont dispensés aux participants. C'est le plus grand programme d'art public du pays.

© PENNSYLVANIA DUTCH CONVENTION VISITORS BUREAU

L'entraide est la clef de voûte de la société amish.

Pennsylvania Dutch Country

La capitale de l'Etat surnommé « l'Etat clef de voûte » (The Keystone State) est Harrisburg, et la plus grande ville, Philadelphie. C'est l'un des 4 Etats dotés du titre de Commonwealth et sa devise est « Virtue, Liberty and Independence ». L'Etat est traversé du sud-ouest au nord-est par les montagnes Appalaches. C'est un Etat industriel (centrales électriques, raffineries de pétrole, chantiers navals…), situé à l'extrémité amont de la baie Delaware.

Lancaster

La plus ancienne ville intérieure des USA se trouve à 71 miles à l'ouest de Philadelphie, à un peu plus d'une heure de train de Philly. Au nord et à l'ouest de Lancaster coule la rivière Susquehanna. Les Allemands (« Pennsylvania Dutch ») ont été les premiers à s'installer à Lancaster et dans ses environs, en 1709. En 1729, la ville est devenue la capitale du comté. C'est l'Anglais John Wright qui lui a donné son nom, en référence à la ville du même nom en Angleterre. Son surnom est « Red Rose City ». Lancaster a été la capitale de l'Etat de Pennsylvanie de 1799 à 1812. Aujourd'hui, la visite de cette ville historique, dotée d'une architecture remarquable, et de son comté permet une compréhension plus complète de cet Etat, parce qu'on fait ainsi connaissance avec la campagne de Pennsylvanie et avec le monde des amish, passionnant et à l'opposé du nôtre.

■ THE AMISH FARM AND HOUSE

La découverte d'une ferme amish est une bonne introduction au mode de vie des amish. Une découverte qui comprend la visite obligatoirement guidée (en anglais) de la maison, construite en 1805. La ferme permet de voir d'un peu plus près ses animaux, une grange pour le stockage du tabac et un moulin à vent. A l'entrée, on pourra se munir d'un plan où sont indiqués tous les points d'intérêt du site.

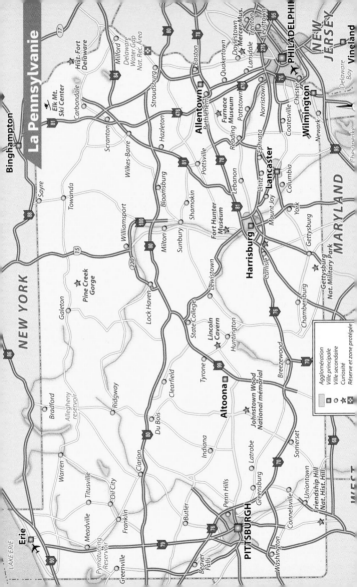

CENTRAL MARKET

Produits des fermes des environs, viande, fruits, légumes, fromages, pâtisseries… Un stand propose du bon sirop d'érable, un autre permet de s'initier à la préparation du *horse-radish* (sauce au raifort). Présentation également de produits amish (goûter au *shoofly pie*, typique du coin). Ouvert dans les années 1730, c'est le plus vieux marché des USA. Le bâtiment, de style victorien, date de 1889. Bref, un lieu vivant et authentique dont on parcourt les allées avec plaisir.

QUILT AND TEXTILE MUSEUM

On peut admirer dans ce musée des quilts fin XIXe-début XXe faits par des amish de Lancaster. Le musée possède 82 de ces dessus-de-lit piqués, dont une trentaine sont exposés par roulement (avec changement tous les 6 mois). Avant d'accueillir ces collections, le bâtiment abritait une banque, dont la porte d'ailleurs est toujours là…

THE HERITAGE CENTER MUSEUM

A voir, la salle consacrée aux Pennsylvania Germans (amish, mennonites et luthériens), le groupe d'immigrés le plus important dans cette région, aux XVIIIe et XIXe siècles. Meubles, pendules, argenterie, portraits. Expositions temporaires souvent intéressantes. Le magasin du musée est plutôt sympa, avec plein de babioles : jouets en bois comme ceux avec lesquels jouent les enfants amish, cartes postales, quilts, livres…

THE DEMUTH FOUNDATION

C'est dans cette maison (que l'artiste appelait « le Château ») qu'habita et travailla le peintre Charles Demuth (1883-1935), pionnier du mouvement « précisionniste ». Concentré à ses débuts sur son jardin, sur des représentations de fruits et légumes de marchés voisins, il a ensuite peint de nombreuses scènes urbaines à la manière cubiste.

LANDIS VALLEY MUSEUM

Un immense domaine à visiter pour s'initier à la vie, aux XVIIIe et XIXe siècles, des habitants du Pennsylvania Dutch Country, terre d'élection de nombreux immigrés allemands. On y découvrira notamment la cuisine locale, avec A Taste of Pennsylvania Dutch Country.

MENNONITE INFORMATION CENTER

Un film très instructif de 30 minutes, intitulé *Who are the Amish ?*, y est projeté sur 3 écrans toutes les heures (en anglais). Le centre présente aussi une expo qui retrace l'histoire des amish et des mennonites. Enfin, bon à savoir, le centre offre la possibilité d'une visite avec un guide francophone pour un groupe allant jusqu'à 7 personnes. Cette visite d'une durée de 2 heures se déroule en voiture et constitue une excellente occasion de découvrir la campagne pennsylvanienne et de discuter des communautés amish et mennonite. Les guides sont généralement mennonites.

Églises

Elles sont nombreuses à Lancaster. On pourra notamment voir la Trinity Lutheran Church (31 South Duke Street), la plus ancienne de la ville, la First Presbyterian Church (140 East Orange Street) et la Bethel African Methodist Episcopal Church, de 1817, la plus vieille église noire américaine de la ville.

Philadelphie et la Pennsylvanie

Bird-in-Hand

Au XVIIIe siècle, Bird-in-Hand était le nom d'un hôtel. La légende raconte que deux hommes décidèrent de passer la nuit à l'hôtel Bird-in-Hand Inn et qu'un d'entre eux aurait dit : « Un oiseau dans la main vaut plus que deux dans le buisson ». Aujourd'hui, Bird-in-Hand a conservé un parfum d'antan et attire les touristes qui recherchent des produits locaux.

■ GLICK'S FOOD & CRAFTS

Pour découvrir une ferme amish, celle de la famille Glick qui y vend ses produits : pains, confitures, tartes et gâteaux appétissants. Ne pas manquer de goûter la limonade, délicieuse ! Le père, menuisier, vend ses meubles. Il y a bien sûr aussi des quilts, sous forme de coussins et de courtepointes piquées (pour un dessus-de-lit par exemple).

■ AARON AND JESSICA'S BUGGY RIDES

Pour faire une balade en buggy. Le business est tenu par une famille très sympathique. La promenade dure une bonne demi-heure et vous permettra d'apprécier tant l'élégance du cheval que les charmes de la campagne environnante. A faire absolument pour découvrir les fermes amish d'un peu plus près !

Lititz

Le village a célébré son 250e anniversaire en 2006. Fondé par les moraviens (cf. Eglise protestante), son nom fait référence à la ville de Lidice, en Bohême. C'est un mignon petit bourg constitué d'une rue principale avec son église, ses restos et ses magasins. On pourra y boire un chocolat au Café Chocolate, acheter des *pretzels* à la Sturgis Pretzel House, ou encore jeter un coup d'œil sur la Wilbur Chocolate Factory (la ville de Hersey n'est pas loin, où est fabriqué le chocolat du même nom, très connu aux États-unis).

Intercourse

Au cœur de la campagne de Pennsylvanie, le visiteur découvre un village riche en magasins. Les amish et les Américains (ou « English », comme les appellent les amish) vendent de la nourriture (surtout à Kitchen Village, lieu touristique), des quilts (beau musée) et des livres (au People's Place Book Shoppe). A noter : c'est dans ce village qu'a été tourné, dans les années 1980, le film *Witness* (avec Harrison Ford).

■ KITCHEN KETTLE VILLAGE

Très touristique (distributeur de billets au début de la rue !), le Kitchen Village vous invite à acheter un souvenir du coin et à grignoter quelque chose. Un magasin sympa : Jam & Relish Kitchen, avec ses délicieux confitures et condiments. Egalement, petite ferme avec des cochons et des chèvres, et jeux de plein air pour les enfants.

■ THE PEOPLE'S PLACE QUILT MUSEUM

Situé dans le Old Amish Settlement, au 2e étage du Old Country Store, ce musée expose 23 quilts contemporains. Pour comparer avec les quilts anciens du Quilt and Textile Museum.

Mount Joy

Ce village mérite qu'on s'y arrête pour visiter la Bube's Brewery, une fabrique à bière du XIXe siècle implantée par Alois Bube, un Allemand immigré aux US.

Ephrata

Son nom vient d'un village en Israël, cité dans l'Ancien Testament. En 2000, Ephrata comptait environ 13 200 habitants. Le principal point d'intérêt de ce *borough* sont les Cloîtres (Ephrate Cloister). Au début du XVIIIᵉ siècle, Johann Conrad Beissel fonda un ordre monastique composé d'hommes et de femmes, appelé le Mystic Order of the Solitary.

■ CLOÎTRES

Fondé en 1732, ce cloître était à l'origine peuplé principalement d'immigrés allemands protestants. On visite ses neuf bâtiments sans guide.

Strasburg

A 8 miles au sud-est de Lancaster. Créé au XVIIIᵉ siècle, Strasburg fut d'abord utilisé comme étape pour les calèches qui voyageaient de Lancaster à Philadelphie. A cette époque, de nombreuses auberges et tavernes s'y sont installées, animant la vie du village. En 1795, Strasburg fut transformé par l'arrivée du chemin de fer. C'est d'ailleurs aujourd'hui ce qui draine autant de touristes sur place.

■ RAILROAD MUSEUM OF PENNSYLVANIA

Plus de 100 locomotives anciennes à découvrir ! Un musée unique que les amateurs se doivent de voir. Les plus jeunes s'amusent également beaucoup (simulateur de voiture, permission de s'asseoir à la place du conducteur de train…).

■ STRASBURG RAIL ROAD

A bord d'une locomotive ancienne, on fait une balade de 45 minutes dans la campagne de Pennsylvanie. Il est aussi possible d'y dîner. Une façon originale de découvrir la campagne. Nous conseillons les classes Deluxe Lounge, Parlor ou Coach.

Pittsburgh

Pittsburgh est la ville la plus importante de l'ouest de la Pennsylvanie. Elle fut fondée en 1758 quand l'armée britannique dirigée par le Général John Forbes occupa les ruines du fort Duquesne. Forbes nomma ce nouveau territoire au confluent de trois rivières du nom du secrétaire d'Etat britannique, William Pitt. Ainsi naquit Pittsburgh. L'image de la ville a longtemps été liée aux travailleurs de l'acier, et pour beaucoup elle conserve cette image de ville industrielle. Pourtant Pittsburgh a su se réinventer, et est aujourd'hui une cité dynamique et moderne qui a réussi sa reconversion. Il est plaisant de se balader à pied dans les quartiers de Strip District et Cultural District, d'y découvrir des curiosités architecturales et arpenter les sept ponts qui enjambent les rivières Allegheny et Monongahela. Pittsburgh, cité du célébrissime ketchup Heinz, est aussi connu pour être la ville natale d'Andy Warhol et lui a donc dédié un intéressant musée. Le circuit culturel impose également de passer par le Carnegie Musuem of Art dans le quartier de l'université Carnegie Mellon à l'est du centre-ville. On n'oubliera pas de prendre le funiculaire pour jouir d'un beau panorama sur toute la ville depuis le Mont Washington.

■ ANDY WARHOL MUSEUM

Ce musée propose une rétrospective de la vie et l'œuvre pop de l'enfant du pays, Andy Warhol. Incontournable pour les amateurs de culture pop ou les fans de l'artiste.

The Andy Warhol Museum à Pittsburgh.

■ MONONGAHELA INCLINE

Le funiculaire emmène les passagers au sommet du Mont Washington d'où la vue embrasse toute la ville. Les bâtiments de l'ancienne gare à la base du funiculaire ont été rénovés et accueillent aujourd'hui un grand nombre de boutiques.

■ CARNEGIE MUSEUM OF ART & CARNEGIE MUSEUM OF NATURAL HISTORY

Au museum of Art, les visiteurs apprécient une impressionnante collection d'œuvres impressionnistes et postimpressionnistes de peintres américains et européens. Se tiennent également de très qualitatives expositions d'architecture et d'art contemporain. Le musée d'histoire naturelle est lui le paradis des dinosaures et donc des enfants. Un squelette entier de tyrannosaure est exposé.

Laurel Highlands

■ FALLINGWATER

Cette incroyable résidence fut construite en 1936 par le célèbre architecte américain, Frank Lloyd Wright, au-dessus d'une cascade. Cette demeure fut bâtie pour la famille Kaufmann qui était propriétaire d'un chic Department Store à Pittsburgh. Fallingwater est l'exemple même de l'intégration de l'architecture dans la nature que prônait Frank Lloyd Wright. On est épaté tout au long de la visite par la modernité du lieu et de son aménagement alors que cet ensemble comme en équilibre au-dessus de la chute date des années 1930. A ne manquer sous aucun prétexte par les amateurs d'architecture.

■ KENTUCK KNOB

Cette maison fut construite par Wright dans les années 1950 pour un couple d'amis des Kaufmann propriétaire de Fallingwater. Elle aussi parfaitement intégrée au paysage, il s'en dégage beaucoup de sérénité. Célébrée pour son aspect fonctionnel, on est étonné d'apprendre que cette autre étonnante réalisation de l'architecte n'a été pour la première fois visitée par l'architecte qu'une fois les travaux largement entrepris. Très intéressant pour ceux qui souhaitent en apprendre un peu plus sur le concept d'Usonian House, qui signifiait dans le langage de Wright une maison abordable, fonctionnelle, avec une importante interaction entre l'intérieur et l'extérieur. Pour ceux qui souhaiteraient dormir dans le coin, il est possible de dormir dans une reproduction d'une maison réalisée par Wright, Duncan House transformée en guesthouse de luxe depuis 2007.

■ THE DUNCAN HOUSE

Cette maison fut construite à l'origine en 1957 dans l'Illinois puis démantelée et reconstruite dans le Polymath Park Resort où elle est aujourd'hui. Une occasion exceptionnelle de dormir dans une des réalisations architecturales de Frank Lloyd Wright.

New York

SoHo, Little Italy, Harlem, Central Park, Upper East et West Side, Chinatown, Greenwich Village, Wall Street, TriBeCa, Times Square, Chelsea, Brooklyn et le Bronx… Que de noms évocateurs et d'images qui bercent notre imaginaire ! Terrain infini de pérégrinations et de découvertes, New York a toujours attiré et brassé les populations du monde entier.

Downtown

Financial District et Battery Park

Wall Street, la statue de la Liberté, Ellis Island… C'est la zone la plus emblématique de New York et le berceau du New York historique. En effet, c'est ici, tout au sud de Manhattan, qu'est née New York. Les colons néerlandais vinrent peupler Manhattan pour la première fois en 1625, créant un bourg appelé New Amsterdam. New York ne fut pas habité au-delà de ses limites avant le XIXe siècle. C'est encore ici que débarquèrent les vagues successives d'immigrants arrivés d'Ellis Island jusqu'à la moitié du XXe siècle. Les Twin Towers ne dressent plus leur immensité démesurée au-dessus du skyline, et le Lower Manhattan est aujourd'hui un curieux mélange entre quartier d'affaires et bâtiments historiques.

■ BATTERY PARK

Le long de l'Hudson, sur Rector Street, ce parc, qui forme une esplanade, fait face à la statue de la Liberté et à Ellis Island. La vue s'ouvre donc sur toute la largeur de la baie. En hiver, de temps en temps, un paquebot passe qui cingle vers les Caraïbes. En été, face au sud, au-delà de la foule des camelots et des touristes, les bateaux à voile font la course avec le ferry de Staten Island.

© AUTHOR'S IMAGE

Homme-statue (de la Liberté) à Battery Park.

Quartiers de Manhattan

Vue depuis le City Hall Park.

Au coucher du soleil, dans le parc rafraîchi par la brise marine, le silence revient et les bancs sont déserts… Construit en 1811, l'édifice appelé Castle Clinton se trouve dans le parc, c'est une sorte de fort avec 28 canons, prévus pour repousser une éventuelle attaque anglaise. La statue est celle de Giovanni da Verrazano qui découvrit New York en 1524. Le pont célèbre qui relie Brooklyn à Staten Island porte son nom The Verrazano Bridge. On peut l'apercevoir depuis le parc. Il est le départ chaque année du Marathon de New York. En remontant le chemin qui longe l'Hudson River, on arrive à la Marina où appareillent yachts et voiliers. De là, on peut prendre un water-taxi pour le New Jersey, situé sur la rive opposée (départs toutes les 15 minutes).

■ BROOKLYN BRIDGE

Les New-Yorkais l'adorent. Construit en 1883 après 16 ans de laborieux efforts et long de 1 883 m (il fut pendant un temps, le plus long pont suspendu du monde, 4 fois plus que le deuxième plus long de l'époque), n'a-t-il pas représenté le rêve américain, la porte héroïque de New York ? Magique,

cette longue passerelle tendue comme une cathédrale de filins, un passage initiatique reliant deux îles. En partant de City Hall, marchez vers Brooklyn, arrêtez-vous au milieu du pont, où l'énergie de Manhattan est à son paroxysme. Faire les 20 à 30 minutes de traversée sur un plateau de 26 m de largeur à 83 m au-dessus de l'East River avec vue imprenable sur les gratte-ciel de Manhattan est une expérience unique. Nous vous conseillons le lever du jour (de Manhattan à Brooklyn) et le crépuscule (de Brooklyn à Manhattan) pour profiter de la lumière.

■ CITY HALL

Le City Hall c'est l'hôtel de ville de New York, il abrite le conseil municipal, les bureaux du maire et diverses autres administrations. L'édifice achevé en 1812 et restauré en 1956 est un bâtiment prestigieux de style colonial. Les marches de ce bâtiment sont célèbres et populaires en raison de plusieurs manifestations et conférences de presse qui s'y sont déroulées. Dans le hall d'entrée, on peut voir le trophée gagné par les New York Yankees en 1996 aux championnats du monde.

New York sud

CHELSEA

W. 21st St
W. 20th St
W. 19th St
W. 18th St
W. 17th St
W. 16th St
W. 15th St

West Side Expwy

10th Av

9th Av

8th Av

W. 14th St
Little W. 12th St
Gansevoort St
Horatio St
Jane St
W. 12th St
Bethune St
Bank St
W. 11th St
Perry St
Charles St
W. 10th St
Christopher St

Hudson St
Washington St

Greenwich St

W. 4th St

Waverly Pl

Greenwich Av

Patchin Pl

W. 21st St
W. 20th St
W. 19th St
W. 18th St
W. 17th St
W. 16th St
W. 15th St

Av of the Americas (6th Av)

7th Av

W. 14th St
W. 13th St
W. 12th St
W. 11th St
W. 10th St
W. 9th St
W. 8th St

THEODORE
ROOSEVELT
BIRTHPLACE

THE FACTOTY

UNION
SQUARE

E. 18th

Irving Pl

PO
ACAD
MUS

STUY
SQ

FORBES MAG
GALLERIES

5th Av

University Pl

Broadway

UKM
M

E. 12

ST. M
CH

WEST
VILLAGE

7th Av

Bleecker St

Grove St

Gay St

Waverly Pl
Washington Pl
Washington Sq N.
Washington Sq S.
W. 3rd St

Washington Square

WASHINGTON
SQUARE

NEW YORK
UNIVERSITY

Astor Pl

Lafayette St

Stuyvesant St

4th Av

3rd Av

Bowery

GREENWICH
VILLAGE

Mercer St

Bleecker St

Broadway

Bond St

Bank St
W. 11th St
Perry St
Charles St
W. 10th St
Christopher St
Barrow St
Morton St
Leroy St
Clarkson St

Bedford St

Commerce St

Jones St

Cornelia St

Carmine St

Downing St

MacDougal St

Sullivan St

Thompson St

Wooster St

GUGGENHEIM
MUSEUM SOHO

Prince St

SOHO

Crosby St

Lafayette St

Mulberry St

Mott St

Kenmare

Baxter St

Hester

W. Houston St

WALKER
PARK

King St

Charlton St

Vandam St

Spring St

Greene St

Mercer St

W. Houston St

Spring St

N.Y.C.
FIRE
MUS.

Hudson St

Renwick St

Spring St

Dominick St

Broome St

Grand St

Greene St

Broome St

LITTLE
ITALY

Howard St

West St

West Side Expwy

Washington St

Watts St

Desbrosses St

Vestry St

Laight St

Hubert St

Beach St

N. Moore St

Franklin St

Harrison St

Jay St

Staple St

Hudson St

Canal St

Varick St

Av of the Americas

Church St

Walker St

White St

Cortlandt Al.

Lispenard St

Canal St

Franklin St

Leonard St

Worth St

Lafayette St

Centre St

Baxter St

CHI
M

COLUM
H

Holland Tunnel

ALTERNATIVE
MUS.

TRIBECA

Thomas St

Duane St

W. Broadway

Church St

FOLEY
SQUARE

Pearl St

Harrison St

Reade St

Chambers St

Warren St

Greenwich St

Murray St

Park Pl

W. Broadway

CITY
HALL

WOOLWORTH
BUILDING

Barclay St

Vesey St

Spruce St

Beekman St

Park Row

Nassau St

Ann St

Frankfort

NEW YORK,
NEW JERSEY

NORTH
PARK

Warren St
Park Pl W.
Park End Av

North End Av

Murray St

GROUND
ZERO

Dey St

Cortlandt St

Liberty St

FED.
RESERVE
BANK

Dey St

Nassau St

William St

Platt St

NORTH COVE
YACHT HARBOR

BATTERY
PARK
CITY

South End Av

Cedar St

Albany St
Carlisle
Rector Pl
RECTOR
PARK
W. Thames

Thames St

TRINITY
CHURCH

Liberty St

Cedar St

Pine St

NEW YORK
STOCK EX.

Wall St

Maid

Water St

Front St

South St

FE
TE

Rector St

3rd Pl

2nd Pl

1st Pl

West St

Battery Pl

Greenwich St

Broadway

Beaver St

Exchange Pl

Pearl St

Old Slip

FINANCIAL
DISTRICT

CUSTOM
HOUSE

CASTLE
CLINTON
NATL. MON.

Stone St

Bridge St

Broad St

State St

BATTERY
PARK

Pearl St

Coenties Slip

HUDSON RIVER

62
61
60
59
58
57
54
53
52
51
49
48
46
45
42
40
34
32
26
25
21

0   500 m

N

On peut également visiter la Governor's room, une salle élégante où sont exposés divers portraits d'hommes importants illustrant l'histoire des Etats-Unis (Washington, Jefferson, Hamilton…). Cette pièce fut le bureau de George Washington. Le City Hall Park autour du bâtiment est un espace vert très agréable. Autrefois, il était un lieu d'exécutions publiques.

■ ELLIS ISLAND IMMIGRATION MUSEUM

Ellis Island, du nom de son propriétaire originel Mr Samuel Ellis, fut rachetée par le gouvernement de New York en 1808 et deviendra un centre d'immigration de 1892 à 1943. De 1943 à 1954, Ellis Island servit de centre de détention pour immigrants illégaux. On ne découvrira pas le nouveau musée du melting-pot américain sans émotion. Dans le hall, une longue procession

© PHOTOS.COM

de malles, valises, paniers, couffins témoigne de départs sans esprit de retour, mais atteste aussi la pauvreté de ceux qui fuyaient la famine, le manque d'avenir ou l'oppression vers un futur pavé de difficultés. Les Etats-Unis signifiaient pour tous ces gens une liberté d'expression, d'opinion, de religion et des opportunités économiques. Une visite indispensable pour comprendre comment les Etats-Unis accueillaient tout le monde, mais aussi sur quels critères le droit d'entrée était refusé à des minorités. Lesquelles étaient mises en quarantaine et renvoyées au pays lointain. Le processus de passage à l'immigration durait une journée dans le meilleur des cas. Les bateaux débarquaient à Manhattan leurs cargaisons d'exilés. Les plus riches pouvaient passer devant les services de l'immigration sur le bateau même, et n'avaient pas à s'arrêter à Ellis Island. Les autres montaient sur des barges, qui les emmenaient dans l'île. Si l'on était admis, on pouvait se rendre à Manhattan ou aller dans le New Jersey. Aujourd'hui plus de la moitié de la population de New York descend de ces aventuriers.

■ GROUND ZERO

Le site est en construction. L'attentat dramatique du 11 septembre 2001 et l'effondrement des tours qui a provoqué la mort de près de 3 000 personnes ont laissé un grand vide, une zone brûlée et éventrée de 6,50 hectares là où se dressaient les symboles ultimes de la puissance et du rayonnement des Etats-Unis dans le monde. Dans l'attente de la reconstruction du site, cette immense zone sécurisée est devenue un véritable lieu de pèlerinage spontané.

Vision apocalyptique après la chute des Twin Towers.

Statue de la Liberté au clair de lune.

■ NEW YORK STOCK EXCHANGE

Le New York Stock Exchange est au capitalisme ce que le Pentagone est à l'armée, mais se visite et même gratuitement. Dans ce temple grec orné de colonnes de style corinthien les plus grandes de la ville, vous êtes invité, au 3e étage, à suivre les transactions de la Bourse et des agents de change. La visite du marché et la frénésie de son activité sont des plus impressionnants : une galerie pour les visiteurs surplombe la salle où circulent chaque jour des millions de dollars et où se croisent environ 1 300 personnes.

■ STATUE DE LA LIBERTÉ

Cette grande dame est à New York ce que la tour Eiffel est à Paris, et il est difficile de résister à son attraction. D'autant que la France est mêlée de près à son histoire, la statue ayant été offerte, en signe de fraternité, au peuple américain par le peuple français (pour la petite histoire, on rappellera que la statue avait été destinée à la ville d'Alexandrie à l'époque où l'Egypte était un autre pays frère). Dressée sur sa petite île de Liberty Island au milieu du port de New York, elle est devenue l'un des monuments des Etats-Unis les plus attachants et le symbole de la liberté à travers le monde. Elle fut donc construite entre 1874 et 1884, sa charpente métallique bénéficiant des lumières du grand Gustave Eiffel. Et il fallut tous les efforts du magnat de la presse de l'époque, Joseph Pulitzer, pour réunir les fonds nécessaires à sa construction en 1886, sur son îlot solitaire, non loin d'Ellis Island. Pour l'anecdote, Frédéric Bartholdi s'inspira du visage de sa mère pour représenter les traits de la Liberté. En 1986, au terme de plusieurs années de travaux de réfection, la statue a fêté son centenaire, en grande pompe et avec le concours de 15 millions de visiteurs. Vue de près, elle est gigantesque (50 m de hauteur). Elle est juchée sur un piédestal de 30 m reposant sur des remparts en forme d'étoiles, hauts de 20 m.

■ WORLD FINANCIAL CENTER

Si vous faites le tour de Manhattan en bateau, vous ne pourrez manquer de voir ce centre financier et commercial récemment construit à l'est de feu World Trade Center, le long de l'Hudson : l'énorme serre du jardin d'hiver, d'une structure digne de Gustave Eiffel, est à elle seule fameuse. A l'intérieur de ce *winter garden*, le décor consiste en une forêt de palmiers autour desquels s'ordonnent des bars et des restaurants. La scène donne côté fleuve, il y a des concerts de jazz ainsi que des spectacles de danse et des expositions. Les soirs d'été, on peut danser sur la place, au bord du fleuve, d'où la vue se prolonge jusqu'à la statue de la Liberté. Dans le port, des bateaux attendent pour une promenade.

Les nombreuses enseignes de Chinatown.

Chinatown et Little Italy

Curieusement accolées par les hasards de l'histoire et de la géographie, l'enclave italienne (Little Italy) et l'enclave chinoise (Chinatown) ont réussi à cohabiter avec plus ou moins de succès pendant plusieurs décennies. Situé entre Houston Street et Canal Street, d'une part, entre Broadway et Bowery de l'autre, Little Italy est assurément un très joli quartier, réputé le plus sûr de Manhattan, parce que gardé par la mafia. Mais les jeunes générations ont quitté le quartier, et Little Italy ressemble de plus en plus à un musée.

Moins grand que celui de San Francisco, le Chinatown de New York est, avec Harlem, la seule enclave ethnique authentique de New York et il est, de ce fait, difficile, voire impossible d'y pénétrer. La langue aidant, tout est affaire de famille, de gangs, de rackets. Tandis que Little Italy débouche

sur SoHo, au sud s'étend Chinatown, immédiatement repérable. Avec une population estimée à 150 000 résidents, 300 ateliers de confection, 250 restaurants parmi les meilleurs et les moins chers de New York, et une impressionnante série de banques, Chinatown dissimule soigneusement sa réalité profonde derrière sa façade de prospérité laborieuse et son exotisme garanti.

SoHo et TriBeCa

Avant de devenir les symboles du mode de vie new-yorkais dans les années 1970-1980, avec leurs lofts minimalistes et classes, leurs galeries d'art branchées et leurs modes à la versatilité frénétique, SoHo et TriBeCa étaient des quartiers populaires, voire insalubres, agrémentés des fameux immeubles industriels aux structures métalliques et aux plateaux spacieux. Depuis les années 1980, seuls un *happy few* d'artistes à succès et de riches hommes et femmes d'affaires peuvent se permettre d'y habiter (les boutiques de marque comme Chanel et les agences de mode y ont élu domicile). A part quelques rares élus, les artistes ont depuis longtemps déménagé pour Chelsea, le Meatpacking District, Long Island dans le Queens ou Williamsburg à Brooklyn. Certaines institutions ont même dû déménager à l'image du Museum of African Arts, délocalisé dans le Queens ou du Guggenheim Museum SoHo, remplacé par la plus grande boutique Prada du monde. Mais SoHo et TriBeCa restent incontournables pour leur ambiance, l'architecture de leurs bâtiments, leurs galeries d'art de toutes sortes et un musée particulièrement étonnant : le New Museum of Contemporary Art. Que faire à Soho ? Admirer l'architecture, faire du shopping et visiter les galeries.

■ FIRE MUSEUM

Pour se familiariser avec l'histoire des pompiers de New York, dont les sirènes hurlantes font partie de la vie quotidienne de la Grosse Pomme. Le musée, ouvert en 1987, est situé dans une ancienne caserne. C'est un monument à la bravoure et à l'héroïsme des combattants du feu : de la grosse voiture à grande échelle à la moindre note du journal de bord, tout est là, même un coin réservé aux chiens sauveteurs. Bien sûr, ce musée a pris une importance pour les New-Yorkais à la suite des événements du 11 septembre. Véritables héros et martyrs de la ville, la mémoire des pompiers victimes des flammes et de l'écroulement des tours y tient une place prépondérante. Une visite éducative et émouvante qui plaira aux parents comme aux enfants.

Greenwich Village

■ WASHINGTON SQUARE

On reconnaît Washington Square Park à son arc de triomphe érigé en 1892 en l'honneur du premier président des Etats-Unis. Marcel Duchamp y monta un jour de 1916 pour y célébrer la « République libre et indépendante de Washington Square ». Ce charmant parc se trouve sur l'ancien emplacement des potences publiques et d'un cimetière où des milliers de corps furent enterrés pendant une épidémie de fièvre jaune. Puis les syndicats prirent l'habitude de s'y réunir.

VISITE

New York

Participants de la parade d'Halloween traversant le Village entre Greenwich et Soho.

On y croise une statue de Garibaldi, et des joueurs d'échecs assidus au coin sud-ouest du parc. Toujours animé, surtout le week-end et en fin de journée, ce parc urbain est le centre du Village et le point de chute des étudiants de NYU (New York University), dont les bâtiments imposants bordent le parc et font face à une rangée de maisons particulières. Fondée en 1831, la plus grande université privée des Etats-Unis compte désormais plus de 50 000 étudiants.

Midtown

Gramercy, Flatiron District et Murray Hill

■ EMPIRE STATE BUILDING

En 1930, l'Empire State Building a beau être le plus grand immeuble du monde (du haut de ses 443 m, il occupe aujourd'hui le 2e rang aux Etats-Unis après la Sears Tower à Chicago), il n'est qu'un gratte-ciel à moitié vide : la Grande Dépression ayant ruiné le marché de l'immobilier, la plupart des 4 000 bureaux de ce fleuron de l'Art déco de New York n'ont pas trouvé preneurs. Situation catastrophique très momentanée : le New Deal n'est pas loin. Le salut va venir sous la forme d'un monstre romantique, King Kong, qui va assurer la réputation universelle du géant. Inévitablement, c'est au grand singe que l'on songe tout en se laissant enlever jusqu'à l'observatoire en plein air au 86e étage pour un panorama sans équivalent sur Manhattan, à 320 m d'altitude. Midtown rayonne de toute sa puissance brute.

■ FLATIRON BUILDING

Cet immeuble, dont la forme oblongue et triangulaire évoque un fer à repasser donne son nom au quartier, le Flatiron District. S'élevant au sud de Madison Square Park, à l'angle de Broadway et de la 5e Avenue, c'est l'un des immeubles emblématiques de New York (on le voit d'ailleurs dans une scène de Spiderman). Difficile de croire que cet immeuble de 20 étages et 87 m de hauteur fut un jour l'un des plus hauts de la ville. Le Flatiron, dont le nom original est en fait Fuller Building du nom de la compagnie propriétaire, fut construit en 1902 et est l'un des plus vieux gratte-ciel encore debout à New York. Il fit sensation au moment de sa construction et l'on eut même peur qu'il ne s'effondre sous l'effet du vent ! Aujourd'hui, il contient surtout des bureaux dont plusieurs maisons d'édition.

© TOM PEPEIRA - ICONOTEC

Le Chrysler Building.

Vue sur l'Hudson River depuis l'Empire State Building.

Midtown East

C'est un des quartiers où New York a le mieux exprimé son gigantisme, sa puissance, sa démesure. C'est ici que sont réunies les grandes institutions, les boutiques les plus élégantes, et les bâtiments si audacieux qu'ils semblent avoir été construits pour des dieux. On comprend mieux pourquoi le monde respire beaucoup au rythme de New York après avoir bien arpenté Midtown East.

■ CITICORP CENTER

Les New-Yorkais sont fous de ce building de 275 m (presque aussi haut que la tour Eiffel) qu'ils ont surnommé le lipstick (rouge à lèvres). Indice : regarder la forme du toit. Avec ses boutiques, ses restaurants et, surtout, son atrium où l'on peut se retrouver entre amis, le Citicorp, bâti en 1978, est toujours plein, et ses concerts gratuits attirent les foules à l'heure du déjeuner. Plus que l'atrium et l'ensemble commercial, c'est le quartier qui mérite la visite : non seulement le Citicorp Center est remarquable avec son sommet incliné à 45°, mais il est entouré de gratte-ciel aussi mons-

trueux les uns que les autres, preuve s'il en est que New York ne recule devant aucune démesure.

■ CHRYSLER BUILDING

Plus jeune d'un an que l'Empire State Building, plus petit aussi, le Chrysler, bâti en 1930, fut pendant quelque douze mois le plus grand gratte-ciel du monde avec ses 71 étages. Aujourd'hui, avec son allure gracieuse, ses gargouilles géantes et son dôme fantastique évoquant un donjon de conte de fées ou un subterfuge ciné-matographique, le Chrysler reste l'immeuble préféré des New-Yorkais. Hélas, il n'a plus son poste d'observation ; à défaut, on peut admirer l'entrée de marbre noir de Géorgie, le lobby de marbre rouge du Maroc, ou les ascenseurs en bois précieux. Au plafond, une fresque représente des avions et quelques autres avancées technologiques dans le domaine du transport au début du XXe siècle. Walter P. Chrysler, le magnat de l'automobile, souhaitait un immeuble pour immortaliser la réputation de sa firme. New York lui doit le plus imaginatif de ses chefs-d'œuvre Art déco.

New York centre

■ GRAND CENTRAL TERMINAL

New York, qui a perdu la Penn Station, l'un de ses plus beaux monuments architecturaux, aurait pu perdre Grand Central sans une vigoureuse protestation populaire menée par Jackie Onassis. Il fallut huit années pour la réfection complète de la gare, qui fut célébrée le 1er octobre 1998. Cette énorme gare, achevée en 1913 après 10 ans de travaux, était autrefois le point de départ et d'arrivée des grands trains vers Chicago et la Californie. Aujourd'hui, des dizaines de milliers de banlieusards traversent son hall stupéfiant sous un plafond décoré d'étoiles, et haut de plus de 40 m. La façade de l'édifice est ornée de statues et surmontée d'une grosse horloge. Ce bâtiment majestueux, du style Beaux-Arts, possède un intérieur somptueux avec des halls et des couloirs tout en marbre. Dans la salle principale (Grand Concourse), le bureau d'information au centre est surmonté d'une belle horloge à 4 faces en cuivre. Ses grandes fenêtres de chaque côté, qui font entrer les rayons du soleil, donnent à cette salle d'attente un air de cathédrale. Le plafond est de toute beauté, représentant sur un fond bleu nuit, le scintillement de la constellation d'une nuit d'hiver avec ses 2 500 étoiles.

■ ORGANISATION DES NATIONS UNIES (ONU)

Le bâtiment est bordé côté cour par les drapeaux de ses 192 Etats membres et, côté jardin, par de somptueux buissons de roses. Le parc offre une vue magnifique sur l'East River (il est interdit d'y boire ou d'y manger). Dans le vaste hall se déroulent des expositions temporaires et gratuites. On admirera au passage le vitrail de Chagall ainsi que le pendule de Foucault qui se balance inlassablement au plafond. Au sous-sol, on s'attardera aux comptoirs de l'Unicef et de l'Unesco, dans les boutiques d'artisanat, dont celle de l'ONU qui vend les drapeaux du monde entier, à la librairie ou à la poste de l'ONU : unique au monde, elle permettra aux philatélistes de compléter leur collection (le courrier avec le timbre de l'ONU, non valable à l'extérieur, doit être posté sur place).

■ SAINT PATRICK CATHEDRAL

Siège de l'archidiocèse de New York, la cathédrale Saint Patrick, qui semble dater du Moyen Age, fut construite de 1858 à 1879. Si, parmi tous les gratte-ciel qui l'entourent, elle paraît bien petite, elle n'en est pas moins la plus grande église catholique et gothique de tous les Etats-Unis. Son intérieur est magnifique. La cathédrale est illuminée de cierges qui se reflètent dans les 71 vitraux et la grande rosace.

Hall principal de Grand Central Station.

Midtown West et Times Square

Midtown West avec ses hauts buildings abrite le fameux Theatre District, ses théâtres et scènes de music-hall. C'est un des quartiers les plus importants au monde pour l'*entertainment*. Même les musées semblent ne parler que de spectacle. Combien de fois avons-nous vu les mille panneaux lumineux de Times Square dans la nuit new-yorkaise ? Un quartier qui attire massivement les touristes et qui peut parfois être étouffant par son côté usine à loisirs, sa surexploitation du mythe ou ses restaurants de grandes chaînes, chers et sans âme. Impossible cependant de visiter pour la première fois New York sans prendre un grand bain de foule parmi la masse des badauds !

■ INTERNATIONAL CENTER OF PHOTOGRAPHY

La photo dans tous ses états ! Les ICP, fondés et dirigés par Cornell Capa, le frère du photographe Robert Capa, offrent un double lieu d'expositions consacré aux plus grands photographes du siècle. Les ICP sont aussi le siège d'expositions temporaires, dont une au moins est consacrée chaque mois aux nouvelles tendances de la photo américaine et aux reportages sur la Grosse Pomme.

■ INTREPID SEA, AIR, SPACE MUSEUM

Installé sur l'Hudson River, c'est le plus grand musée naval et de l'air du monde. Même si vous n'êtes pas féru d'aviation ou allergique à l'armée, ce musée, vraiment impressionnant mérite une visite. Il ne désemplit d'ailleurs pas, sans doute parce qu'il comble les fibres du show, du patriotisme et de la performance technologique des Américains.

Pour apprécier pleinement la visite, il faut y aller impérativement un jour de beau temps, car une partie de ce qu'il y a à voir se situe en extérieur.

■ MADAME TUSSAUD'S WAX MUSEUM

Des stars de la musique, du cinéma, des personnages historiques et des hommes politiques, plus de 200 personnages de cire sont présentés dans cinq cadres différents. Le travail réalisé est remarquable, la ressemblance frappante, les procédés et techniques de fabrication sont expliqués au cours de la visite.

■ MUSEUM OF ARTS & DESIGN (ANCIENNEMENT AMERICAN CRAFT MUSEUM)

Ce musée au nouveau design proposait jusqu'à l'an dernier des expositions surprenantes sur 3 étages. Auparavant centré sur l'artisanat américain du XXᵉ siècle (sculptures, meubles, tapis, bijoux) et les créations qui en découlaient (œuvres modernes à partir de papier, métal, porcelaine et verre), le musée a changé de nom et de positionnement fin octobre 2002. Le craft (artisanat), peu vendeur, a été remplacé par les plus new-yorkais arts & design puisqu'il fallait « casser les frontières entre l'artisanat, les arts et le design ». Plus qu'un réel changement dans les collections, il s'agissait de moderniser un peu l'image du musée. Le musée a déménagé au 2 Columbus Circle en septembre 2008 dans un espace de six étages deux fois plus grand que l'ancien. Il présente des collections permanentes avec plus de 2 000 objets allant des bijoux aux meubles et de l'argenterie à la porcelaine. Des expositions temporaires sont également souvent organisées.

■ MUSEUM OF MODERN ART (MOMA)

Ça y est, le MoMA est revenu à la maison, début 2005, une maison largement revisitée et modernisée pendant trois ans par Yoshio Taniguchi. C'est avant tout la fin d'une longue attente qui a vu l'extraordinaire collection de MoMA divisée entre un MoMA Qns (annexe temporaire dans le Queens) trop petit et sans âme, un Moma Berlin et des coffres-forts bien gardés. Les trois anneaux sont réunis et la mémoire de l'art du XXe siècle que constitue la collection du MoMA peut à nouveau être livrée à une foule avide de sa puissance évocatrice.

■ ROCKEFELLER CENTER

Ce gigantesque ensemble de 11 immeubles exerce une attraction formidable sur l'ensemble de Midtown. Bâtie entre 1932 et 1940 par John D. Rockefeller, le fils du magnat du pétrole, cette ville dans la ville est dominée par le RCA Building, reconnaissable à sa hauteur. Parmi les sculptures qui environnent le centre, la plus spectaculaire est celle d'Atlas supportant le monde (en face du 630 5th Avenue). En hiver, la patinoire et le traditionnellement énorme arbre de Noël parent le site d'une certaine magie. Le Rockefeller Center abrite cafés et bureaux, banques, agences de presse (Associated Press), studios de télévision (NBC), librairies, boutiques. Les sous-sols qui mènent au métro à travers un labyrinthe de couloirs et de magasins ne sont pas moins étonnants. Quelle que soit la durée de votre séjour, vous ne manquerez pas de passer devant cette forteresse immobilière, symbole d'un mythe, implantée au centre du secteur le plus riche de Midtown, entre le MoMA, l'hôtel Waldorf-Astoria et la cathédrale Saint Patrick.

Central Park

Le parc avec ses 337 hectares, du sud au nord, entre 59th Street et 110th Street (4 km de longueur) et, d'est en ouest, de 5th Avenue à Central Park West est LA bulle verte qui aère la ville. Ici, le temps s'arrête. Ce parc de 340 hectares a été créé au milieu du XIXe siècle pour permettre aux New-Yorkais de goûter aux joies de la nature et de pouvoir se détendre.

Le MoMA, Museum of Modern Art.

Il a fallu 20 ans et plus de 10 millions de wagons de terre et de roches pour créer ce milieu naturel en plein cœur de la ville. Le parc ne fut achevé qu'en 1876, dressant un paysage ordonné par la main de l'homme là où s'étendaient des marais. Les deux architectes paysagistes de Central Park, Frederick Olmsted et Calvert Vaux, rêvaient d'un espace démocratique et rural où chacun contribuerait au bonheur de tous. Démocratique, le parc l'est fondamentalement : c'est l'agora du melting-pot new-yorkais.

▶ **Strawberry Fields.** Au niveau de la 72nd Street, côté ouest, l'endroit où fut abattu John Lennon. Le lieu a repris le nom d'une de ses célèbres chansons et une mosaïque a été posée au sol en son honneur avec l'inscription « Imagine ».

▶ **The Mail.** Une magnifique allée qui débouche sur The Lake.

▶ **Le réservoir.** Un immense plan d'eau qui alimente la ville de New York devient en hiver une fameuse patinoire (59th Street et 6th Avenue). Qui a vu *Marathon Man* ne pourra oublier les scènes de jogging solitaire de Dustin Hoffman autour de ce lac artificiel.

▶ **Zoo.** Il abrite environ 500 animaux répartis en trois zones climatiques : la zone tropicale, la zone tempérée et la zone polaire avec trois gros ours blancs magnifiques. Le zoo n'est pas très grand, mais c'est une petite balade sympa et originale. Les singes perchés sur le haut de leurs rochers, avec en fond, les immeubles de la 5e Avenue donnent une vision un peu déconcertante de la ville.

▶ **Les deux plus beaux points de vue du Park :** le Belvedere Castle (au niveau de la 79th Street) et Bethesda

Statue de Prométhée au Rockefeller Center.

Terrace and Fountain (au niveau de la 72nd Street, au milieu du parc) : magnifique fontaine au bord du lac.

Uptown

Upper East Side

Depuis que New York existe, c'est le quartier chic par excellence. Celui des grandes familles (pas des nouveaux riches), des dynasties économiques et intellectuelles, des valeurs traditionnelles. En témoignent les petits groupes d'enfants en uniformes scolaires ou les gardiens d'immeubles en gabardine de parade et chapeau qui accueillent les propriétaires et refoulent les inconnus ou les importuns qui n'ont pas été annoncés. Le quartier abrite aussi l'élite des musées new-yorkais le long d'un des plus fabuleux et denses parcours culturels de la planète : le Museum Mile.

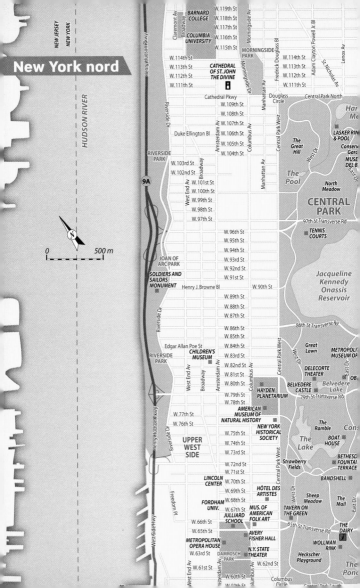

New York nord

NEW JERSEY
NEW YORK

HUDSON RIVER

0   500 m

S

BARNARD COLLEGE
W. 119th St
W. 118th St
W. 117th St
W. 116th St
W. 115th St
COLUMBIA UNIVERSITY
Claremont Av
Broadway

Henry Hudson Pkwy

W. 114th St
W. 113th St
W. 112th St
W. 111th St
CATHEDRAL OF ST. JOHN THE DIVINE

MORNINGSIDE PARK
Morningside Av

Cathedral Pkwy
W. 109th St
W. 108th St
W. 107th St
W. 106th St
W. 105th St
W. 104th St
Duke Ellington Bl

Amsterdam Av
Columbus Av
Manhattan Av

Riverside Dr

RIVERSIDE PARK

W. 103rd St
W. 102nd St
Broadway
W. 101st St
W. 100th St
W. 99th St
W. 98th St
W. 97th St
West End Av

9A

W. 96th St
W. 95th St
W. 94th St
W. 93rd St
W. 92nd St
W. 91st St

JOAN OF ARC PARK
SOLDIERS AND SAILORS MONUMENT
Henry J. Browne Bl
W. 89th St
W. 88th St
W. 87th St
W. 90th St

Riverside Dr

W. 86th St
W. 85th St
W. 84th St
Edgar Allan Poe St
CHILDREN'S MUSEUM
W. 83rd St
W. 82nd St
W. 81st St
W. 80th St
W. 79th St
W. 78th St
RIVERSIDE PARK

West End Av
Broadway
Amsterdam Av
Columbus Av

HAYDEN PLANETARIUM

W. 77th St
W. 76th St
AMERICAN MUSEUM OF NATURAL HISTORY
W. 75th St
W. 74th St
W. 73rd St
W. 72nd St
W. 71st St
W. 70th St
NEW YORK HISTORICAL SOCIETY

Henry Hudson Pkwy

UPPER WEST SIDE

LINCOLN CENTER
W. 69th St
W. 68th St
HÔTEL DES ARTISTES
FORDHAM UNIV.
W. 67th St
JULLIARD SCHOOL
MUS. OF AMERICAN FOLK ART

Freedom Pl

W. 66th St
W. 65th St
METROPOLITAN OPERA HOUSE
AVERY FISHER HALL
DAMROSCH PARK
W. 63rd St
W. 62nd St
N.Y. STATE THEATER
W. 61st St
W. 60th St

Columbus Av

West End Av

West Side Hwy

NEW YORK nord

MORNINGSIDE PARK

Douglass Circle
Central Park North
W. 114th St
W. 113th St
W. 112th St
W. 111th St
Adam Clayton Powell Jr Bl
St. Nicholas Av
Lenox Av
Fredrick Douglass Bl

Har Me

LASKER RINK & POOL
Conserv Gard
MUSE DEL B
The Great Hill

Central Park West
West Dr

North Meadow
The Pool

CENTRAL PARK

97th St Transverse Rd
TENNIS COURTS

Jacqueline Kennedy Onassis Reservoir

86th St Transverse Rd

Great Lawn
METROPOLIT MUSEUM OF
DELACORTE THEATER
BELVEDERE CASTLE
Belvedere Lake
OB
79th St Transverse Rd

East Dr

The Ramble
Cons
BOAT HOUSE
The Lake
BETHESD FOUNTAIN TERRACE
Strawberry Fields
BANDSHELL
Sheep Meadow
The Mall
TAVERN ON THE GREEN
West Dr
THE DAIRY
65th St Transverse Rd
WOLLMAN RINK
Heckscher Playground
Columbus Circle
The Pond

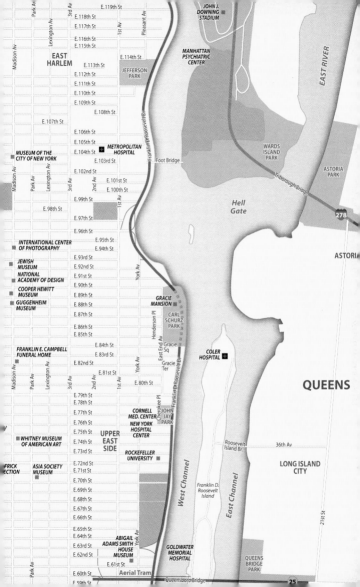

Rampe hélicoïdale et dôme du Guggenheim Museum.

Le long de la 5th Avenue, de la 70th à la 104th Street, c'est plus d'une dizaine de musées aussi divers que la Frick Collection, le Metropolitan ou le Guggenheim …

■ ASIA SOCIETY

Ce musée fondé par John D. Rockefeller III en 1956 a pour but de favoriser l'entente entre le peuple américain et le peuple asiatique et de faire connaître cette civilisation qui semble si différente. Il couvre tout le continent asiatique et expose des objets asiatiques ou américains d'origine asiatique couvrant toute la culture de l'Extrême-Orient, de la Mongolie au Japon. Très pédagogue dans la mise en valeur de ses pièces, il ravira les novices comme les avisés. Les expositions temporaires sont présentées sur 2 étages et changent assez fréquemment. Elles sont toujours accompagnées de conférences à thème, de concerts et de projections de film. La Asia Society possède vraiment une des plus belles collections globales d'art asiatique, tout pays de la zone et époques confondues (2000 avant J.-C. à nos jours). La richesse de la collection permanente est enivrante et les nombreuses expositions temporaires qui réunissent des pièces uniques venues de collections du monde entier sont toujours d'un goût très sûr (des arts de la cour d'Iran à l'art contemporain taïwanais). A voir ! Inoubliable.

■ THE FRICK COLLECTION

Dans cette maison, ouverte au public en 1932, on a l'impression de rendre visite à un collectionneur qui vous aurait invité à contempler ses chefs-d'œuvre aussi longtemps que vous le désirez. Cela ne ressemble en rien à l'idée qu'on se fait d'un musée traditionnel, et c'est peut-être pourquoi les New-Yorkais adorent la Frick Collection, le rêve réalisé d'un magnat des aciéries de Pittsburgh, Henry Clay Frick (1849-1919), qui souhaitait laisser à la postérité l'image d'un mécène américain moderne. Il consacra une grande partie de son immense fortune et 40 années de sa vie à l'achat des merveilles qui sont suspendues aux cimaises de son opulente demeure bâtie en 1913 sur la 5th Avenue, en face de Central Park. La maison, dont la majeure partie est laissée en l'état d'origine, comporte 19 salles meublées dans le style XVIIIe siècle, anglais et français. 1 100 pièces de premier ordre : que des œuvres de grands maîtres, et souvent parmi les plus belles, sinon les plus personnelles.

THE GUGGENHEIM MUSEUM

Guggenheim ? Vous le connaissez sûrement, il est blanc et rond (ce qui ne facilite pas l'accrochage des tableaux). Avant de devenir une franchise internationale de l'art contemporain, tout est parti de New York et d'un richissime collectionneur très porté sur les nouvelles formes d'expression. Solomon R. Guggenheim avait fait fortune dans les mines de cuivre et d'argent. Durant les années 1920 et 1930, le milliardaire américain se mit à collectionner les œuvres des peintres européens, qu'il exposait dans ses appartements du Plaza Hotel devant un public choqué par l'avant-garde abstraite. Parmi les artistes figuraient Léger, Mondrian, Klee, Chagall et Kandinsky, les deux derniers représentant le noyau de la collection permanente du musée. Van Gogh, Degas, les fauves et quelques Picasso de la première période sont d'autres trésors de cette collection. Le musée Guggenheim est, dit-on, le plus scandaleux de New York… Mais son plus grand atout n'est-il pas finalement son architecture signée de Frank Lloyd Wright ? Cette étrange structure cylindrique, dont la construction et la finition ont duré 16 ans, tranche sur l'architecture des gros immeubles bourgeois de la 5th Avenue. Elle souleva une tempête de polémiques lors de son ouverture, en 1959. Une nouvelle aile a été ouverte début 1993 ; elle élargit de façon étonnante et de manière très réussie le musée sur Central Park.

JEWISH MUSEUM

Fondé en 1904, ce musée retrace l'histoire et la culture du peuple juif dans le monde, de l'Antiquité à nos jours. L'exposition permanente, « Culture and Continuity : The Jewish Journey » est fascinante. Débutant au 4e étage du musée et s'étendant sur tout l'étage inférieur, cette exposition permet au travers d'objets cultuels, d'orfèvreries, de tableaux et de documents audiovisuels, de retracer l'évolution et le maintien des traditions de la culture juive. Au cours de la visite, vous pourrez notamment admirer la reconstitution du mur d'une synagogue perse du XVIe siècle, la magnifique collection de chandeliers Hannukkah provenant des quatre coins du monde, une torah datant du XIIe siècle et une sculpture saisissante de George Segal nommée The Holocaust. Les deux premiers étages du musée sont consacrés à des expositions temporaires représentant des événements historiques de la culture juive ou des interprétations personnelles d'artistes contemporains renommés (Schoenberg, Kandinsky ou Frida Kahlo en 2003).

METROPOLITAN MUSEUM OF ART (MET)

« 5 000 years of Art » (5 000 ans d'Art), tout est dit dans le slogan du Met ! Cette institution new-yorkaise, équivalent local de notre Louvre, fut fondée en 1870 par un groupe d'éminents citoyens de la finance, de l'industrie et des arts. C'était alors un bizarre petit bâtiment, dont on a un aperçu dans le film de Scorsese, L'Age de l'innocence. Le musée occupe l'équivalent de quatre blocks. On dit qu'il faudrait une vie entière pour découvrir les quelque 2 millions d'œuvres d'art conservées dans les 18 départements du Met sur plus de 600 km², et une autre vie pour s'imprégner de leur signification dans l'espace et le temps : le musée regroupe des objets d'art de 5 000 ans de civilisations les plus diverses (Chine, Extrême-Orient, Egypte, Assyrie, Grèce,

Le Metropolitan Museum of Art.

Rome, Afrique, Océanie, Europe, monde islamique, Amériques), de la préhistoire à nos jours. Le Metropolitan accumula ses trésors pendant 90 ans avant de construire les galeries où les exposer. Cependant, le Metropolitan Museum, comme le reste de l'Amérique, est dépourvu d'œuvres de l'école préraphaélite ! Autant dire qu'une visite de quelques heures, si on voulait tout voir (à supposer que ce soit possible), serait un marathon qui frôlerait l'absurde. Autre difficulté : certaines collections ne sont visibles que selon un calendrier de rotation. Le Met regroupe cinq collections majeures : les antiquités égyptiennes, les arts primitifs, l'art médiéval, la peinture européenne et américaine. Signalons également quelques autres collections : art moderne, instruments de musique, armes et armures, institut du costume, art ancien du Proche-Orient, arts grec et romain (la 2ᵉ collection après celle des musées d'Athènes), les sculptures européennes, les arts décoratifs, etc.

■ **NEUE GALERIE – NEW YORK**
Fondé par le marchand d'art Serge Sabarsky et le collectionneur et homme d'affaires Ronald S. Lauder, ce musée est consacré à l'art autrichien et allemand du début du XXᵉ siècle. L'hôtel particulier qui abrite la Neue Galerie fut édifié par Carrère et Hastings (également architectes de la New York Public Library) au début du XXᵉ siècle. C'est l'un des plus beaux bâtiments de la 5th Avenue. Peu fournie en quantité mais sans concession aucune sur la qualité, la Neue Galerie offre une cohérence totale entre son contenu et son contenant, le style 1900 de la décoration intérieure et son côté intimiste cadrant parfaitement avec l'époque et l'esthétique des œuvres exposées. Le 2ᵉ étage est consacré à l'art viennois des années 1900. Une excellente sélection d'œuvres de Gustav Klimt, Egon Schiele, Alfred Kubin, Oskar Kokoschka et Richard Gerstl cohabite avec des objets Art déco afin de particulièrement mettre en relief la relation entre beaux-arts et arts décoratifs.

Tableau représentant le général George Eliott
au Metropolitan Museum of Art.

Le 3e étage reste consacré à ces deux arts et au début du XXe siècle, mais on passe en Allemagne avec les mouvements Blaue Reiter (Kandinsky, Klee, etc.), Brücke (Kirchner, Heckel, etc.), Bauhaus (Klee encore, Feininger, Schlemmer, Moholy-Nagy) et Neue Sachlichkeit (Schad, Dix, Grosz). Au 1er étage, c'est l'espace des expositions temporaires, toujours d'un goût très sûr avec des pièces et des thèmes bien choisis comme celle consacrée au design viennois des objets en argent de 1780 à 1918 où les lignes, les formes rappellent incroyablement l'art abstrait contemporain.

Upper West Side et Morningside Heights

■ AMERICAN MUSEUM OF NATURAL HISTORY

Construit vers 1860, situé sur le flanc ouest de Central Park, en face du Metropolitan Museum dont il est le pendant, le musée d'Histoire naturelle de New York est l'un des plus extraordinaires musées du monde (et accessoirement le plus grand musée d'Histoire naturelle du monde avec 42 salles d'exposition et plus de 32 millions d'éléments dans sa collection). Un lieu magique où amener les enfants. Ce *must* du savoir se présente sous la forme de plusieurs bâtiments caractérisant les différents stades de l'empire américain, avec la statue du grand impérialiste Theodore Roosevelt lui-même, montant la garde à l'entrée de Central Park West. On ressortira épaté par tant de trésors réunis et tant d'ingéniosités. Tous les écoliers de New York ont traversé cette caverne de l'histoire de l'homme et de la nature. Extraordinaires collections consacrées aux Esquimaux, aux Indiens, aux cultures d'Asie, d'Afrique, d'Orient, d'Amérique centrale. Salles des météorites, fabuleuse collection de pierres précieuses (le plus gros saphir du monde). Au 4e et dernier étage, les squelettes de dinosaures, mammouths, reptiles volants, dont plusieurs ont été rapportés d'expéditions financées par le musée dans le désert de Gobi. En tout, 34 millions de pièces à voir.

Le hall d'entrée de l'American Museum of Natural History.

Mur en mosaïques sur la 125th Street (Harlem).

Harlem, Inwood et Washington Heights

Urbanisé à partir de 1880, le quartier de Harlem (du Néerlandais Nieuw Haarlem, soit Nouvelle Haarlem, Haarlem étant une ville des Pays-Bas), fut d'abord un lieu de résidence et de villégiature d'une classe plutôt aisée d'immigrants d'Europe du Nord et de l'Est. Avec l'expansion de la ville, c'est véritablement à partir de 1910 que les Noirs américains commencent à s'installer dans un quartier qui deviendra la capitale de la culture afro-américaine. Passer la 96th Street en direction du nord, à pied, en voiture ou en bus, donne encore aujourd'hui la sensation de franchir une frontière sociale et de population. Harlem s'est cependant grandement assagi avec les années « Tolérance Zéro » et la hausse des loyers. Bill Clinton a installé ses bureaux sur l'emblématique 125th Street (à 5 minutes de l'Apollo), de nombreux bâtiments à l'abandon pendant deux décennies avec leurs habitants dedans (fenêtres brisées, cages d'escalier incendiées, électricité coupée) ont été réhabilités, et la bourgeoisie blanche redécouvre le charme de ses vieilles demeures en brownstones du Connecticut et ses quartiers résidentiels arborés… Mais, le changement des noms des avenues en témoigne, Harlem demeure le symbole et la mémoire de l'identité et de l'histoire mouvementée des Noirs américains. Les 400 paroisses de Harlem accueillent d'ailleurs chaque semaine ses brebis venues expurger les drames du quotidien dans les transes du gospel.

■ APOLLO THEATRE

Vous entrez là dans la légende de la musique noire américaine. Théâtre burlesque construit en 1913 et réservé initialement aux blancs, il est devenu dès les années 1930 le centre de performance des artistes et du public noir, qui n'avait que quelques clubs réservés aux Noirs par aller assister à des concerts. Billie Holiday, Duke Ellington, Count Basie, Dizzie Gillespy, Aretha Franklin, Ray Charles, Curtis Mayfield, Marvin Gaye… tous les grands s'y sont succédé. Les « amateur nights », réservés aux premières scènes d'artistes débutants ont vu les premiers pas de James Brown ou des Jackson Five.

Fermé durant les années 1970 jusqu'en 1983, il est redevenu un des passages obligés des artistes noirs contemporains (Eric B & Rakim, Erykah Badu, Lauryn Hill, D'Angelo, Common, etc.). C'est un véritable monument historique, et y assister à un show ou simplement en faire la visite guidée donnera des frissons aux amateurs de musique.

■ THE ABYSSINIAN BAPTIST CHURCH

C'est la plus vieille église noire de New York. Fondée en 1808, elle est installée dans son temple gothique depuis 1920. La croix copte derrière l'autel est un don de feu sa majesté Hailé Sélassié, roi d'Ethiopie. Paroisse de nombreuses grandes figures militantes de la cause noire américaine (dont Adam Clayton Jr., 1908-1972, premier Noir à siéger au Congrès américain en 1945). Elle est aujourd'hui dirigée par le très médiatique révérend Calvin Butts. Entre les prêches enfiévrés du révérend et des gospels à faire trembler les os. Venez bien habillé, avec discrétion et respect.

Les autres boroughs

Brooklyn

Avec 2,5 millions d'habitants recensés, Brooklyn est le *borough* le plus peuplé de New York City. D'ailleurs, un Américain sur sept aurait ses racines à Brooklyn ! Une chose semble sûre : les Brooklynites n'oublient jamais leurs origines, sont fiers d'appartenir à ce quartier et, pour beaucoup, ne voudraient pas vivre ailleurs. On y trouve une diversité culturelle plus

Vue sur Manhattan depuis le Brooklyn Bridge.

grande qu'à Manhattan. Brooklyn est victime d'un exode citadin : beaucoup de New-Yorkais préfèrent s'y installer, pour profiter d'un peu de calme et fuir le stress de Manhattan. Aujourd'hui, Brooklyn a son accent et son mode de vie, son identité, marquée par une grande diversité : quoi de commun entre Bedford-Stuyvesant, l'un des pires ghettos noirs de New York, et les alignements des maisons particulières et cossues du côté de Brooklyn Heights ou Park Slope ? Que partagent les Coréens et les Noirs (souvent en conflit), les juifs hassidiques, les Portoricains, les Italiens, les Dominicains, les Russes, sinon une appartenance commune à ce vaste *borough* ? En tout cas, tous clament mordicus leur amour pour leur *borough* et leur fierté d'en faire partie !

Queens

Ainsi nommé en l'honneur de la reine Henrietta-Marie de Bragance, femme de Charles II d'Angleterre, un peu moins peuplé que Brooklyn (2 200 000 habitants), beaucoup plus sûr que le Bronx, le Queens est par sa taille le plus grand *borough* de New York (un tiers de la superficie totale de la ville). C'est la quintessence du quartier dortoir. Le Queens, qui fut le berceau du cinéma avant Hollywood, donnait aussi dans la musique : les pianos Steinway étaient fabriqués dans les usines au bord de l'East River et les plus grands jazzmen y vivaient car ce *borough* peu dispendieux leur permettait de s'offrir (pour les têtes d'affiches) de petites maisons avec jardin. Beaucoup d'entre eux venant du sud des Etats-Unis prisaient l'espace et la verdure qu'ils pouvaient trouver dans le Queens (de Billie Holiday à Thelonious Monk en passant par John Coltrane ou Louis Armstrong). Bien que des communautés d'Italiens, d'Hindous, d'Argentins et de Colombiens lui apportent une animation particulière, le Queens reste le royaume des classes moyennes, avec des poches de richesse, Forest Hills et Kew Gardens, récemment investies par les *yuppies* ; ces enclaves sont doublées de terrains de golf et de clubs d'équitation, préludes à Long Island. Le mélange de communautés a fait du Queens le comté comportant le plus grand nombre de nationalités des Etats-Unis.

Bronx

Peuplé de 1 373 659 habitants au dernier recensement, le Bronx doit son nom à un propriétaire terrien hollandais du nom de Jonas Bronk (ou Bronek), qui s'établit au nord de Manhattan au XVIIe siècle. Longtemps peuplé d'immigrants irlandais et de juifs russes, le Bronx, quartier cossu au XIXe siècle, connaît depuis les années 1960 un appauvrissement général et continu, encore qu'il subsiste des poches de richesse surtout au nord-ouest, dans le quartier de Riverdale et près de l'université jésuite de Fordham. Dans la mythologie américaine contemporaine, le Bronx, berceau du hip-hop, évoque désormais les voyages au bout de la nuit citadine et des paysages de désolation urbaine.

© AUTHOR'S IMAGE

Wagons du métro près de Flushing Meadows (Queens).

© AUTHOR'S IMAGE

Depuis le bateau menant à Staten Island.

Les larges étendues brûlées du South Bronx, siège du 44e precinct de New York (ce commissariat de police surnommé Fort Apache), les carcasses brûlées des immeubles fantomatiques du West Bronx restent le symbole d'une Amérique qui connaît le feu de la destruction. La vérité est que pour le touriste, le Bronx n'offre guère d'attraits. Ce *borough* est toutefois le siège du plus grand zoo du monde avec un splendide jardin botanique attenant. Les passionnés de sport pourront aller s'initier aux règles du base-ball et du football américain au Yankee Stadium. En dépit des merveilles architecturales (Art déco) qui ornent Grand Concourse, ces Champs-Elysées d'autrefois, le Bronx n'est pas un quartier propice aux prome-nades nonchalantes. Si, néanmoins, Edgar Allan Poe et le Bronx évoquent pour vous de mystérieuses affinités, sachez que la maison où le poète maudit de l'Amérique vécut les trois dernières années de sa vie, avant de mourir fou en 1850 à Baltimore, se dresse toujours au 2460 Grand Concourse.

Staten Island

Avec quelque 477 000 habitants, Staten Island est le moins peuplé des *boroughs* de New York City. L'île est plus vaste que Manhattan. Elle est couverte de collines, et Tottenville est le point le plus élevé de New York City. Deux plages au nord, Kull van Kill et Arthur Kill, sont bordées par les eaux les plus polluées du monde puisqu'une grande partie des ordures de la ville est déversée dans cette zone. La construction du Verrazano Bridge a changé les données. De nombreux nouveaux venus s'y sont installés pour fuir les quartiers en voie de ghettoïsation de Brooklyn. C'est ici qu'a été formé le plus grand groupe de hip-hop de tous les temps : le Wu-Tang Clan, et qu'y sont nés la plupart des membres. Les maffieux les plus notoires et les plus puissants de la ville ont également installé leurs villas dans les zones résidentielles. On visitera éventuellement le Richmondstown Restoration (Richmond Avenue), un site de 26 bâtiments historiques, le quartier Saint-George, où jadis vivaient les marins à la retraite, ou encore le Snug Harbor Cultural Center, l'un des centres artistiques les plus actifs de New York. Quoi que vous décidiez, Staten Island est le lieu où échapper, au fil de l'eau, au stress de Manhattan.

La Nouvelle-Angleterre

Boston

Boston compte près de 600 000 habitants. Surnommé « Beantown » (les pionniers cuisinaient des haricots qu'ils faisaient mariner dans du sucre), « The City of Higher Learning » (la ville de l'éducation supérieure) ou encore « The Athens of America », Boston est la ville la plus européenne de la côte est, et l'une des plus riches historiquement et culturellement, avec ses concerts, ses festivals, ses musées, ses universités de renom… C'est aussi le centre économique et culturel de la Nouvelle-Angleterre. A Cambridge, trône Harvard, une des universités les plus renommées du pays.

Le Freedom Trail (Chemin de la Liberté), 4 km d'histoire

En suivant une bande rouge dessinée sur le sol, le visiteur découvre une vingtaine de principaux sites de Boston, témoignages de l'histoire de la ville et de son importance dans l'avènement d'une nation libérée du joug anglais. Le fil commence au Boston Common Visitor Information Center, Downtown, traverse le charmant North End (quartier italien) et va jusqu'à Charlestown, de l'autre côté de la Charles River. Une excellente idée de Bob Winn, qui l'a soumise en 1951 à William Schofield, un journaliste du Boston Herald Traveler, lequel à son tour en parle dans ses colonnes. Quelques temps après, le Freedom Trail devient une réalité. Commencer le matin. Il faut une journée, voire deux, selon son rythme, pour tout voir. Voici les principaux lieux où il convient de s'arrêter :

■ BOSTON COMMON

Le plus vieux parc public d'Amérique, construit en 1630. C'est ici que John Winthrop et d'autres puritains débarqués du *Mayflower* ont planté leur tente et se sont installés avec leurs vaches et leurs moutons. Bien des années plus tard, Martin Luther King y a prononcé un discours et Jean-Paul II y a célébré une messe. A voir, le monument Fifty-fourth Regiment Memorial de Augustus Saint-Gaudens, à l'angle de Park et Beacon Streets, à la mémoire du premier régiment noir qui s'est battu pendant la guerre civile. Il se trouve en face de la State House. C'est le point de départ du Black Heritage Trail, qui raconte l'histoire des Noirs américains de Boston.

■ MASSACHUSETTS STATE HOUSE

Achevée en 1798, la State House est l'œuvre de l'architecte Charles Bulfinch (qui a conçu également le Capitole de Washington). Inspiré du style néoclassique européen, le bâtiment est connu pour son dôme doré et son bel intérieur.

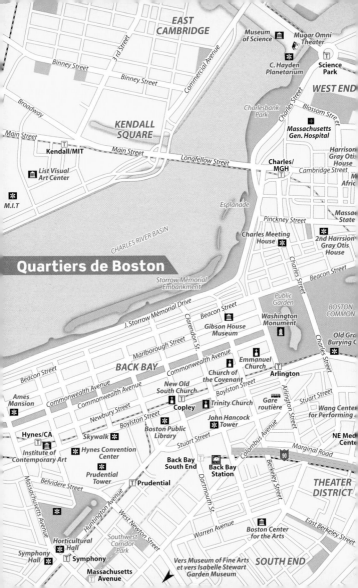

Quartiers de Boston

EAST CAMBRIDGE

Binney Street

Binney Street

3rd Street

Commercial Avenue

Museum of Science

Mugar Omni Theater

C. Hayden Planetarium

Science Park

WEST END

Broadway

Charlesbank Park

Charles Street

Blossom Street

Massachusetts Gen. Hospital

KENDALL SQUARE

Main Street

Kendall/MIT

Main Street

Longfellow Street

Charles/ MGH

Cambridge Street

Harrison Gray Otis House

List Visual Art Center

Afri

M.I.T

Massa State

Esplanade

Pinckney Street

Massa State

Charles Street

Charles Meeting House

2nd Harrison Gray Otis House

CHARLES RIVER BASIN

Beacon Street

Storrow Memorial Embankment

Public Garden

BOSTON COMMON

J. Storrow Memorial Drive

Beacon Street

Washington Monument

Old Gra Burying G

Clarendon St.

Gibson House Museum

Charles Street

Marlborough Street

Commonwealth Avenue

Emmanuel Church

Arlington

BACK BAY

Church of the Covenant

Old Gra Burying G

Beacon Street

Commonwealth Avenue

New Old South Church

Boylston Street

Gare routière

Stuart Street

Wang Center for Performing

Ames Mansion

Commonwealth Avenue

Newbury Street

Copley

Trinity Church

Arlington Street

Hynes/CA

Boylston Street

Boston Public Library

John Hancock Tower

Colombus Avenue

Marginal Road

NE Med Cent

Institute of Contemporary Art

Skywalk

Stuart Street

Hynes Convention Center

Back Bay South End

Back Bay Station

Berkeley Street

THEATER DISTRICT

Belvidere Street

Prudential Tower

Prudential

Dartmouth St.

90

Massachusetts Avenue

Huntington Avenue

West Newton Street

Warren Avenue

East Berkeley Street

Horticultural Hall

Southwest Corridor Park

Boston Center for the Arts

Symphony Hall

Symphony

Massachusetts Avenue

Vers Museum of Fine Arts et vers Isabelle Stewart Garden Museum

SOUTH END

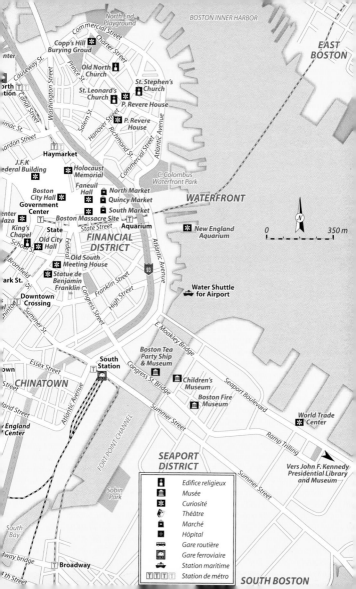

BOSTON INNER HARBOR

EAST BOSTON

North End Playground

Commercial Street

Copp's Hill Burying Ground

Charter Street

Old North Church

Prince Street

St. Leonard's Church

St. Stephen's Church

P. Revere House

Salem Street

Hanover Street

Richmond Street

Commercial Street

P. Revere House

Causeway St.

Washington Street

Canal Street

imac St.

rdon Street

North tion

Haymarket

J.F.K ederal Building

Holocaust Memorial

Boston City Hall

Government Center

enter laza

King's Chapel

State

Old City Hall

School St.

Bromfield St.

rk St.

Faneuil Hall

North Market

Quincy Market

South Market

Boston Massacre Site

State Street

Aquarium

FINANCIAL DISTRICT

Federal Street

Congress Street

Old South Meeting House

Statue de Benjamin Franklin

Downtown Crossing

Franklin Street

High Street

C. Colombus Waterfront Park

WATERFRONT

New England Aquarium

Atlantic Avenue

0   350 m

Water Shuttle for Airport

ar k St.

ngton

al

Summer Street

CHINATOWN

Essex Street

Street

land Street

England Center

Atlantic Avenue

South Station

Congress Street

E. Moakley Bridge

Boston Tea Party Ship & Museum

Congress St. Bridge

Children's Museum

Boston Fire Museum

Summer Street

Seaport Boulevard

World Trade Center

Ramp Trilling

Vers John F. Kennedy Presidential Library and Museum

FORT POINT CHANNEL

SEAPORT DISTRICT

Sobin Park

South Bay

lway bridge

4th Street

Broadway

SOUTH BOSTON

	Edifice religieux
	Musée
	Curiosité
	Théâtre
	Marché
	Hôpital
	Gare routière
	Gare ferroviaire
	Station maritime
	Station de métro

Pont Zakim à Boston.

■ PARK STREET CHURCH
L'église a été construite en 1809 par l'architecte anglais Peter Banner. Elle se dresse aujourd'hui au cœur de Downtown. C'est là qu'en 1829 William Lloyd Garrison, abolitionniste et éditeur du journal Liberator, prononça son premier discours public contre l'esclavage.

■ OLD GRANARY BURYING GROUND
En regardant de près les tombes de ce petit cimetière construit en 1660, on apercevra quelques dessins de squelettes ou de têtes de mort à côté des inscriptions. Y sont enterrés des citoyens lambda, trois signataires de la Déclaration d'indépendance, Samuel Adams, John Hancock et Robert Treat Paine ; John Phillips, le premier maire de la ville ; les parents de Benjamin Franklin. L'obélisque dédié à la famille Franklin a été érigé en 1827.

■ KING'S CHAPEL
Elle fut construite en 1688, pour représenter la première congrégation anglicane d'Amérique du Nord. À la fin du XVIIIe siècle, le bâtiment de bois fut remplacé par un autre de pierre. Dans le cimetière voisin repose la quasi-totalité de la première génération des pionniers anglais, dont Mary Chilton, la première Anglaise arrivée sur le *Mayflower* à avoir foulé le sol de la Nouvelle-Angleterre, et John Winthrop, le premier gouverneur de la Massachusetts Bay Colony.

■ THE OLD CORNER BOOKSTORE
Le bâtiment qui abrite la librairie est de 1712. La librairie elle-même est du XIXe siècle, époque où elle devint très connue des milieux littéraires et un lieu de rencontre des écrivains. C'est aujourd'hui un magasin de bouquins, de souvenirs, de cartes postales…

■ OLD SOUTH MEETING HOUSE
La deuxième plus ancienne église de la ville, construite en 1669 par les puritains. Elle fut détruite, puis reconstruite en 1729 dans le style géorgien (dominance de la brique). Les patriotes Sam Adams et Josiah Quincy y ont prononcé des discours.

■ STATUE DE BENJAMIN FRANKLIN
C'est dans une modeste maison, détruite par un incendie en 1810, que le grand homme est né, en 1706. Une statue dans la cour lui est dédiée.

OLD STATE HOUSE

Le plus vieux bâtiment public de la ville toujours en vie, construit en 1713. Au cours des années, le bâtiment a été une mairie, un musée, puis une caserne de pompiers… Aujourd'hui, il abrite un musée, le Boston Society Museum qui raconte l'histoire de la ville.

SITE DU MASSACRE DE BOSTON

En face de la Old State House, ce site est signalé par des pavés qui forment un cercle. C'est là que la résistance des patriotes à l'occupation anglaise commencée en 1768 se termina dans le sang. Le 5 mars 1770, un soldat anglais tire et tue trois hommes, dont Crispus Attucks, le premier Noir américain qui mourra pour la cause patriotique. Le site de ce massacre a ensuite servi de point de ralliement aux partisans de la Révolution américaine, ceux qui voulaient débarrasser le pays du joug anglais.

Marché Faneuil Hall.

FANEUIL HALL

Il fut construit en 1742, pendant la Révolution américaine, à la demande d'un riche marchand de Boston, Peter Faneuil. Le lieu servit de salle de réunion à James Otis et à Samuel Adams (au 2e étage), et de marché (au rez-de-chaussée). Au début du XIXe siècle, le Quincy Market fut construit en face de Faneuil Hall (une poste à l'entrée), et ce dernier fut agrandi par l'architecte Charles Bulfinch. Aujourd'hui, le hall est bruyant et très fréquenté (surtout à l'heure du déjeuner). On y trouve un tel choix de cuisines les plus diverses, qu'il est parfois difficile de se décider !

PAUL REVERE HOUSE

Un des derniers bâtiments du XVIIe siècle à Boston, construit en 1680 (en bois) et acheté par Paul Revere (1734-1818) en 1770. Cet orfèvre, dentiste et héros de la Révolution américaine (en 1775, il partit à cheval prévenir Samuel Adams et John Hancock, à Lexington, que les Anglais allaient les arrêter) a eu 16 enfants (avec deux femmes dont une est morte jeune). Dans sa maison de 2 étages, le visiteur découvre notamment la cuisine, la salle à manger et la chambre, reconstituées avec le mobilier d'époque.

SAINT STEPHEN'S CHURCH

Erigée entre 1802 et 1804 par Charles Bulfinch, c'est la plus vieille église de Boston encore debout. En 1862, elle fut réquisitionnée par l'Eglise catholique. A cette époque, le quartier était majoritairement peuplé par des Irlandais. Au début du XXe siècle, les Irlandais ont été peu à peu remplacés par les Italiens, qui continuent de venir se recueillir dans cette église, entièrement restaurée en 1964.

OLD NORTH CHURCH
Elle fut construite en 1723 par William Price, qui s'est inspiré des églises de Sir Christopher Wren, à Londres. Chaque famille de l'époque révolutionnaire, comme celle de Paul Revere, avait son espace réservé à l'église, dans des sortes de bancs fermés appelés des *pew*, avec, à l'entrée, une plaque portant leur nom.

COPP'S HILL
Le cimetière a pris le nom de William Copp, un maroquinier anglais qui possédait cette terre. Il l'a vendue en 1659 et l'endroit est devenu un cimetière pour les habitants du North End. Copp lui-même y est enterré. Regarder de près les belles épitaphes sur les tombes.

CHARLESTOWN NAVY YARD
Si vous ne suivez pas le Freedom Trail, prenez le « water shuttle » au Long Warf situé Downtown. Entre 1800 et 1974, ce fut le lieu de réparation et de ravitaillement des navires de la US Navy. En 1814, on y a construit le *USS Independence*, le premier navire de guerre sorti des chantiers de la Charlestown Yard. Au Visitor Center, un petit film sur la bataille de Bunker Hill est diffusé régulièrement toute la journée.

USS CONSTITUTION
La vie des hommes sur un navire de guerre au XIXe siècle. Collections d'armes, de journaux... Pour les amateurs.

BUNKER HILL
Un monument à la mémoire des victimes de la bataille de Bunker Hill, en 1775. 294 marches mènent en haut de l'obélisque de granite.

Boston Common et Downtown
Boston Common (19 hectares), créé en 1634, est le plus vieux parc public des Etats-Unis.

DOWNTOWN
Le quartier des affaires, des restos et des magasins (Faneuil Hall).

THE NEW ENGLAND HOLOCAUST MEMORIAL
Ce sont 6 tours de verre où sont écrits les 6 millions de numéros qui étaient tatoués sur le corps des 6 millions de déportés juifs pendant la Seconde Guerre mondiale. Les tours, modernes, contrastent avec les bâtiments anciens de l'autre côté de la rue.

Beacon Hill
Pour comprendre l'histoire de la communauté noire américaine de Beacon Hill au XIXe siècle, suivre le Black Heritage Trail, qui débute au Shaw Memorial (en face de la State House). A voir notamment l'African Meeting House et l'école Abiel Smith.

Frégate USS Constitution.

Back Bay et South End

■ MUSEUM OF FINE ARTS

Voici quelques pistes pour la visite : Au rez-de-chaussée, la Lee Gallery expose de l'art américain du début du XXe siècle, dont les tableaux Drugstore et Room in Brooklyn du peintre américain Edward Hopper (mise en lumière de la mélancolie urbaine). Egalement, œuvres de Robert Henri (Sidewalk Café) et de Carl Frieseke (The Yellow Room). Au 1er étage, la salle des maîtres européens expose des œuvres majeures du Greco, de Bernardo Strozzi, de Rosso Fiorentino, de Paolo Véronèse et de Paul Rubens. Dans la merveilleuse salle consacrée aux impressionnistes se trouve une des toiles les plus connues du musée, Danse à Bougival (1883), de Renoir. La collection égyptienne comprend des statues imposantes de Ramsès III et de Ramsès II, ainsi que des objets de la vie quotidienne. Le musée met aussi en valeur l'art chinois et himalayen, l'art japonais (peintures et sculptures bouddhiques) et fait une place aux collections du textile et de la mode.

■ ISABELLA STEWART GARDNER MUSEUM

Ouvert en 1903, ce musée, perle rare, est devenu l'un des plus connus de Boston. Il abrite, sur 3 étages, la collection d'art d'Isabella Stewart Gardner (1840-1924), qui a fait construire ce palais vénitien en 1903 et y a vécu toute sa vie. Grande collectionneuse, elle a parcouru le monde pour acheter des œuvres de Raphaël, du Titien (Europe), de Matisse (Terrasse à

Saint-Tropez) et de Manet (Madame Auguste Manet)… Trois portraits de cette spécialiste d'art sont exposés, dont deux de John Singer Sargent. Le premier se trouve dans la Gothic Room (au 3e étage) ; Isabella Stewart a alors une quarantaine d'années. Le second, peint quelques années avant sa mort, est exposé dans la Macknight Room (rez-de-chaussée). Le troisième, signé Anders Zorn, la montre rayonnante à Venise. Parmi les pièces maîtresses de ces collections, on verra l'autoportrait de Rembrandt (à 23 ans) et La Tragédie de Lucrèce, de Botticelli (au 2e étage), La présentation de l'Enfant Jésus dans le Temple, de Giotto et un vitrail de la cathédrale de Soisson (3e étage). Egalement, dans la Short Gallery, le portrait d'une femme, signé Kronberg. Plus de douze toiles ont été dérobées, il y a quelques années, dont cinq dessins de Degas, Le Concert, de Vermeer, A Lady and Gentlemen in Black et The Storm on the Sea of Galilee, de Rembrandt. Leur place dans le musée est restée vide, en attendant leur retour. Le jardin, raffiné et très bien entretenu, est un havre de paix. On y admire de nombreuses plantes (différentes selon les saisons), la mosaïque et la statue de Méduse.

■ TRINITY CHURCH

Cette belle église, dans le style roman du XIe siècle, a été construite par Henry Hobson Richardson vers 1877, après le « Grand Feu de Boston » (1872), dont les flammes avaient détruit plus de 700 bâtiments de la ville. Parmi ses caractéristiques, on remarquera un toit en argile, des pierres brutes et une imposante tour. Elle a été rénovée il y a quelques années.

La Nouvelle-Angleterre

SKYWALK

Une bonne attraction pour les enfants. La Prudential Tower avec ses 52 étages a été érigée en 1965. Du haut de la tour, on aperçoit tout Boston et bien au-delà : « The Fens », ce parc dessiné par l'architecte de Central Park à New York, avec, non loin, le stade de base-ball où jouent les Red Sox, on peut également voir Boston Common (le plus vieux parc de la ville créé en 1634), le musée Isabella Stewart Gardner, le Massachusetts Institute of Technology (MIT), à Cambridge, construit en 1865, des ponts, comme Harvard et Longfellow (où passe le métro qui relie Boston et Cambridge), les quartiers de Back Bay et de South End, Trinity Church (1877), Boston Public Library, le Symphony Hall et la First Church of Christ Scientist.

BOSTON PUBLIC LIBRARY

A l'époque de son ouverture, en 1895, c'était la première grande bibliothèque du pays. Tout le monde pouvait s'y inscrire, et gratuitement en plus. Aujourd'hui, on peut y voir une lettre écrite par Christophe Colomb en 1493 et le premier livre imprimé dans les colonies.

JOHN HANCOCK TOWER

Cette tour grandiose de 60 étages construite par l'architecte de la pyramide du Louvre, Pei, ne se visite plus depuis le 11 septembre 2001. C'est quand même un régal pour les yeux.

North End

NEW ENGLAND AQUARIUM

Situé à quelques blocs de Faneuil Hall, l'Aquarium est grandiose, avec son immense bassin où évoluent d'immenses tortues de mer, des requins, des barracudas… Dans la galerie tropicale, également intéressante, on peut voir les *clownfish*. A noter : le *Voyager III* vous emmène en mer pour observer des baleines. Ce tour, appelé « Whale Watch », part du Central Wharf, à côté de l'entrée de l'Aquarium.

MUSEUM OF SCIENCE

Un voyage à la découverte du corps humain, des mystères de la nature, du fonctionnement de l'électricité, de l'univers, de l'environnement… Pour les petits et pour les grands.

BOSTON CHILDREN'S MUSEUM

Un musée bien conçu, aux activités les plus variées pour les enfants. Ils y découvriront une maison japonaise, feront de la peinture, de l'escalade et apprendront à faire des tresses sur un mannequin…

Waterfront

INSTITUTE OF CONTEMPORARY ART (ICA)

Cet immense espace (environ 1 700 m^2) consacré à l'art contemporain a ouvert ses portes en décembre 2006. Le musée, tout en verre et sublime, donne sur le port de Boston. Il propose une intéressante collection permanente d'œuvres d'artistes comme la photographe Nan Goldin, Paul Chan, Marlene Dumas, Cornelia Parker… Une vaste salle aux murs transparents accueille des spectacles (de danse notamment), des conférences et des discussions.

Les environs de Boston

JOHN F. KENNEDY PRESIDENTIAL LIBRARY AND MUSEUM

Un musée pas mal fait, où le visiteur apprend beaucoup sur la vie du 35e président des Etats-Unis. Un film de 17 minutes commenté par JFK lui-même marque le début de la visite. On peut voir une reconstitution du Bureau ovale, des cadeaux de chefs d'Etat étrangers, des lettres et divers documents.

Massachusetts

Le Massachusetts est un des six Etats de la Nouvelle-Angleterre (Connecticut, Maine, New Hampshire, Rhode Island et Vermont), qui s'étend de la banlieue nord de New York à la frontière canadienne. C'est aussi l'un des quatre Etats américains à porter le titre de Commonwealth (avec le Kentucky, la Virginie et la Pennsylvanie).

Cambridge

Cette ville, située de l'autre côté de la Charles River, est connue pour la très célèbre université de Harvard (fondée en 1636) et le Massachusetts Institute of Technology (MIT), épicentre de la cyberculture. Cambridge est plus que jamais vivante, grouillante d'étudiants du monde entier. Il y a quantité de choses à y faire : découvrir les musées de Harvard, visiter le campus des universités, faire des pauses dans les sympathiques restos et bars, flâner, parler avec les étudiants, faire des emplettes dans les boutiques branchées…

■ FOGG MUSEUM OF ART

Un petit musée qui retrace l'histoire de l'art depuis le Moyen Age jusqu'à nos jours.

▶ **Au rez-de-chaussée :** peintures européennes et sculpture, XIXᵉ siècle français. *Raphael and the Fornarina* (1811-1812), d'Ingres. Peintures néerlandaises du XVIᵉ siècle, peintures françaises du XVIIᵉ. *A Waterfall with a Castle and a Cottage* (1665), de Jacob van Ruisdael, Kneeling Angel (1674-1675), statue de Gian Lorenzo Bernini. Dans la galerie consacrée à la Renaissance italienne, *Christ on the Cross between the Virgin and Cardinal Torquemada and Saint John the Evangelist* (1446), de Fra Angelico.

▶ **Au 1ᵉʳ étage :** collection impressionniste et postimpressionniste (superbe collection Wertheim) : l'incontournable *Mother and Child* (1901), de Picasso, *Madame Pierre Henri Renoir*, de Renoir, *Emmanuel Chabrier*, de Manet, *Road towards the Farm* et *Honfleur*, de Monet, *Autoportrait*, de Renoir, *La Gare Saint-Lazare*, de Monet, *Poèmes Barbares*, de Gauguin, *Gueule de Bois*, de Toulouse-Lautrec, *La Répétition*, de Degas, et des tableaux de Puvis de Chavannes, Seurat, Sisley, Miro. Superbes toiles de Whistler. *Odalisque with a Slave*, *Autoportrait* et *The Golden Age*, d'Ingres le néoclassique. *L'Apparition*, *La Chimère*, *Moïse exposé* et *La Pietà*, de Gustave Moreau. Toiles de Delacroix et de David.

■ BUSCH-REISINGER MUSEUM

Ici on s'intéresse à l'art des pays germanophones et aux cultures du centre et du nord de l'Europe. Belle collection de porcelaines du XVIIIᵉ siècle, art abstrait des années 1920, le mouvement Bauhaus et l'expressionnisme, et l'art depuis 1945, avec l'accent sur la photo et le dessin. A voir : *Composition with Blue, Black, Yellow and Red*, de Piet Mondrian, *Autoportrait en costume*, de Max Beckmann.

■ ARTHUR M. SACKLER MUSEUM

Art ancien de l'Islam, de l'Asie et de l'Inde. A voir : bronzes chinois, sculptures bouddhistes, céramiques chinoises et coréennes, calligraphie japonaise. Dessins, peintures et calligraphies d'Iran, d'Inde et de Turquie.

■ HARVARD MUSEUM OF NATURAL HISTORY

Un musée instructif pour toute la famille. On y fait la connaissance d'une immense tortue, on y admire une énorme améthyste découverte au Brésil, on y frémit devant le squelette d'un dinosaure vieux de 135 millions d'années (le kronosaurus), on y contemple des papillons aux mille couleurs… (sous verre).

■ CAMPUS DE HARVARD UNIVERSITY

L'ensemble du campus mesure 146 hectares ! Fondée en 1636, c'est la plus ancienne université du pays, la plus réputée aussi. Son accès fait l'objet d'une sérieuse compétition, avec des dizaines de milliers d'étudiants qui tentent leur chance chaque année, malgré son prix extrêmement élevé (environ 40 000 $ par an). Les étudiants peuvent obtenir des bourses, ou bien faire des emprunts qu'ils rembourseront quand ils travailleront. Devant la statue du fondateur de l'université, il y a toujours un attroupement de gens qui se font prendre en photo. Il paraît que ça porte bonheur de toucher ses chaussures ! La statue, signée de Daniel Chester French, date de 1884. On dit d'elle que c'est « la statue des 3 mensonges ». Tout d'abord parce que John Harvard n'aurait pas fondé Harvard, mais aurait donné de l'argent pour son développement. Ensuite, parce que l'université a été créée en 1636 et non en 1638, comme il est gravé sur la statue. Enfin, parce qu'on ne sait pas vraiment à quoi ressemblait John Harvard ; le sculpteur avait pris un étudiant de Harvard pour modèle. Une chose est sûre : en automne, les couleurs des arbres sont magnifiques dans cette région.

Cape Cod

Cette péninsule, qui ressemble à une sorte d'avant-bras replié s'étendant dans l'océan sur 70 miles, a été formée par l'activité des glaciers il y a plus de 12 000 ans. Le Cape Cod National Seashore s'étend aujourd'hui sur 17 hectares. C'est la destination balnéaire favorite de nombreux Bostoniens et d'habitants aisés de la côte est des US. Petits villages de pêcheurs, longues et belles plages, balades à vélo ou randonnées et bien sûr les fruits de mer constituent les ingrédients de ce cocktail réussi. L'endroit parfait pour fuir la ville et se relaxer en profitant d'un environnement naturel magnifique. L'été, les plages peuvent être bondées et les embouteillages sont interminables. Mais le reste de l'année, c'est bien plus calme et Cape Cod s'offre à vous seul.

Au XVIIIe et XIXe siècles, les habitants de Cape Cod vivaient notamment du commerce du poisson et de la baleine, ainsi que de la récolte du sel. Sur la route, les étapes marquantes en partant de la pointe sont Provincetown et son importante communauté gay, Truro (plus vieux phare, construit en 1797), Eastham (belles plages, fameux phare, appelé Nauset), Brewster (musée d'Histoire naturelle de Cape Cod), Hyannis (port d'embarquement pour les îles de Martha's Vineyard et Nantucket), Sandwich…

Provincetown

Les locaux et les habitués l'appellent « P-town ». Cette charmante petite ville se trouve au bout de la péninsule. Depuis toujours fief des artistes, Provincetown accueille aussi, depuis environ 15 ans, une importante communauté gay et lesbienne.

Pilgrim Monument à Provincetown.

Après Key West (sud de la Floride), c'est l'endroit au monde où les homosexuels sont les plus nombreux. L'ambiance de Provincetown est décontractée et ludique. Aux façades des maisons flottent des drapeaux aux couleurs de l'arc-en-ciel où l'on peut lire le mot « Peace ». En été, des parades délurées se déroulent dans les rues, parades dont certaines sont dédiées aux chiens, qui se retrouvent ainsi déguisés et exhibés fièrement par leurs maîtres !

Mais la petite ville compte aussi de nombreux pêcheurs, dont la majorité sont d'origine portugaise. A Provincetown, on a l'impression de se trouver au bout du monde. D'ailleurs, à l'ouest de la ville (dans Commercial Street), en s'approchant de l'eau, on peut voir, au loin (mieux si la vue est dégagée), Fort Point, la partie de la côte est USA la plus éloignée dans l'océan Atlantique. Les pionniers qui avaient traversé l'Atlantique sur le *Mayflower* s'y installèrent vers 1620, puis, se sentant isolés sur cet îlot, déménagèrent à Provincetown, emportant avec eux leurs maisons sur des bateaux. Le Pilgrim Monument (en granite) commémore leur arrivée à Provincetown. De son sommet, superbe vue sur le port, la baie de Cape Cod et les plages. Le musée retrace l'histoire de la ville. Les galeries DNA et Provincetown Art Association and Museum sont incontournables pour les amateurs d'art. A ne surtout pas rater à Provincetown, une excursion en mer d'avril à octobre pour partir à la rencontre des baleines et vivre des instants mémorables !

Chatham

C'est une petite ville chic, située au sud-est du Cape, habitée depuis le XVIIe siècle. Ce fut un temps le repaire de pirates qui pillaient les bateaux égarés en mer. Aujourd'hui, le phare, appelé le Chatham Lighthouse, permet aux marins de se repérer en mer. Des pêcheurs habitent à Chatham encore aujourd'hui.

▶ **Les plages :** Cockle Cove Beach, Hardings Beach (Barn Hill Road), Ridgevale Beach (Ridgevale Road).

Sandwich

Au XIXe siècle, la première ville du Cape fondée par les pilgrims était aussi la capitale de l'industrie du verre pour lunettes. Au Glass Museum vous verrez des exemples du travail d'artisans de l'époque et le Dexter Grist Mill est un moulin du XVIIe siècle restauré.

❱ **Les plages :** Sandy Neck Beach et Town Neck Beach.

Woods Hole

La ville, située au sud-ouest de Cape Cod, est réputée pour son centre de recherche maritime, le Woods Hole Oceanographic Institute. En 1985, une équipe formée par le centre a retrouvé les restes de l'épave du *Titanic*. Expositions toute l'année. Il y a aussi le Marine Biological Laboratory qui propose des visites guidées le week-end.

Hyannis

C'est la ville où le président Kennedy et sa famille venaient en vacances dans leur grande résidence, le Kennedy Compound. Un musée leur est consacré ainsi qu'un mémorial, dédié à JFK, près du port. Le musée raconte en photos les années Cape Cod de JFK et de sa famille. Le trentième président des Etats-Unis était un inconditionnel de l'océan. Il se ressourçait à bord de son bateau et sur les longues plages de la région, où, souvent, il venait marcher avant de prendre une décision importante. Un film de 8 minutes est consacré à l'attachement du président à Cape Cod ; pas trop captivant. Belles photos de Jackie Kennedy et de leurs enfants, et un tableau de JFK Jr, disparu il y a quelques années avec sa compagne dans un accident d'avion.

Bref, un musée dont on fait vite le tour… Sur Ocean Street, à environ 20 minutes de marche de Main Street, un monument est dédié à JFK. Un lieu de pèlerinage pour de nombreux touristes américains. Hyannis est également le lieu de départ des ferries pour les splendides îles de Nantucket et Martha's Vineyard. La ville elle-même n'a rien de folichon.

Nantucket

Les Indiens de la tribu Wampanoag l'avait surnommée « l'île lointaine » (*far away island*). En 1659, les premières familles de quakers sont venues s'y installer, à la suite de conflits d'ordre religieux avec la Massachusetts Bay Colony. Au milieu du XVIIIe siècle, ils exerçaient une influence culturelle certaine sur l'île. En témoignent les anciennes maisons en bardeaux de cèdre que l'on y découvre, notamment dans Main Street.

© CHEE-ONN LEONG - FOTOLIA

Woods Hole.

Au XIXe siècle, les marins, qui s'embarquaient pour des expéditions parfois périlleuses pour pêcher la baleine, y construisirent des maisons de styles géorgien, fédéral et Greek Revival. C'est la tragique histoire d'un de ces navires, le *Essex*, percuté par une baleine en Amérique du Sud, qui a inspiré à Hermann Melville son fameux roman *Moby Dick*. A cette époque, Nantucket était le port de commerce de la baleine le plus prospère au monde. En effet, tout était bon dans la baleine. Outre sa chair, les hommes vendaient son huile (lampes et bougies), ses os (pour les corsets des femmes, pour les baguettes des parapluies…), etc. Les gens riches venaient à Nantucket passer l'été dans leur résidence secondaire. Quand, après la Seconde Guerre mondiale, une vague de touristes de la classe moyenne déferla sur l'île, les locaux décidèrent de la préserver au maximum, notamment en ne délivrant pas trop facilement des permis de construire. L'île est principalement peuplée et fréquentée par des WASP (White Anglo-Saxon Protestant). Cependant, de plus en plus de Jamaïcains et d'Européens de l'Est viennent y travailler et résider en été. Tout est cher sur ce petit coin de paradis (hôtels et restaurants). Il n'empêche que l'île attire toujours beaucoup de vacanciers estivaux, qui viennent profiter de son atmosphère intemporelle et de ses 50 miles de plages ! Ces plages de sable fin, sauvages et parsemées de dunes, sont idéales pour des promenades sans fin. Au cours de vos balades, vous découvrirez les jolies maisons en bardeaux de cèdre à la teinte presque argentée.

■ **THE WHALING MUSEUM**
Rouvert en 2005, flambant neuf, le musée retrace, de façon passionnante, l'histoire de la pêche à la baleine. Il expose des portraits de capitaines et de leurs femmes, les outils employés par les chasseurs et le bateau à bord duquel ils partaient capturer le mammifère.
Dans la salle principale, on peut voir un impressionnant squelette de baleine. Le musée propose également la reconstitution, instructive, d'une usine de bougies de 1847. Avant de sortir, on n'oubliera pas de monter sur le toit, d'où une très belle vue s'étend sur l'île.

■ **JETHRO COFFIN HOUSE**
C'est le plus vieux bâtiment de l'île (XVIIe siècle), une ancienne maison de pêcheurs que l'on appelle outre-Atlantique « boîte à sel » (*saltbox*). Jethro était le petit-fils de Tristam Coffin, l'un des premiers colons blancs de l'île.

■ **FIRST CONGREGATIONAL CHURCH**
Cette église, construite en 1834, est appelée aussi Old North Church. C'est la plus grande et la plus élégante de l'île. 92 marches mènent en haut de l'édifice.

■ **MUSEUM OF AFRICAN-AMERICAN HISTORY**
A voir le long du Black Heritage Trail : The African American Meeting House et The Florence Higginbotham House, le Whaling Museum et le Foulger Museum, le Dreamland Theatre, l'Atheneum, l'Unitarian Church, la Sherburne House et la Anna Gardner's House. Nantucket a aboli l'esclavage en 1773.

Siasconset

Un adorable village à 7 miles de Nantucket où les pêcheurs de l'île venaient chercher de la morue au XVIIe siècle. C'était aussi le rendez-vous des chasseurs de baleine. Leurs abris (des *shanties*) sont devenus des maisons très prisées des riches artistes. On peut y aller à vélo ou en bus.

Martha's Vineyard

L'île, la plus grande de Nouvelle-Angleterre (32 km de long et entre 3 et 16 km de large), se trouve à environ 6 miles de Cape Cod. 15 000 personnes y vivent toute l'année. C'est la principale destination estivale de nombreux visiteurs de la côte est des US.

Pas mal de stars s'y sont fait construire une grande villa (Spike Lee, Bill Clinton, le journaliste Walter Cronkite), au bord de leur plage privée. L'île accueille jusqu'à 100 000 personnes ! De nombreux mariages y sont également célébrés chaque année. Selon la légende, Bartholomew Gosnold, le capitaine qui a découvert l'île en 1602, lui a donné le nom de l'une de ses filles, Martha. « Vineyard » se réfère aux vignes sauvages également découvertes par le capitaine. Une fois sur l'île, il est agréable de se déplacer à vélo en découvrant les jolis villages environnants : Edgartown (élégant et historique, surnommé « la grande dame de Martha's Vineyard », lieu de résidence des capitaines au XIXe siècle) ; Oak Bluffs (camps religieux d'été au XIXe) ; et Vineyard Haven (Tisbury, où les Anglais se sont installés au milieu du XVIIe siècle). Le patrimoine de l'île a été conservé jusqu'à nos jours, pour le plus grand plaisir des visiteurs.

■ MARTHA'S VINEYARD CAMP MEETING ASSOCIATION

C'est là qu'au début du XIXe siècle, les presbytériens (et, un peu plus tard, les méthodistes) se retrouvaient pour faire des retraites religieuses. Ils installaient des tentes et restaient plusieurs jours. C'était un moment de communion intense avec Dieu. Au milieu du XIXe siècle, ce camp était le plus grand et le plus connu du pays. L'architecture originale de ces 315 *gingerbread cottages* (maisons de pain d'épice) victoriens, construits entre 1859 et 1880, est restée telle quelle jusqu'à nos jours. A vélo ou à pied, on pourra admirer les couleurs vives de ces habitations qui forment un monde à part, surprenant et très bien préservé. Au milieu de Trinity Park trône le tabernacle.

■ FLYING HORSES CARROUSEL

C'est le plus vieux manège du pays (1876) ! Les crinières de ses 22 chevaux de bois sont faites avec du véritable crin de cheval.

■ PLAGE

La très belle Joseph Sylvia State Beach s'étend sur près de 4 km entre Oak Bluffs et Edgartown, le long de Beach Road.

■ EDGARTOWN

Village fondé en 1642. Dans North et South Water Streets, on peut voir les maisons des riches capitaines (style fédéral et Greek Revival) datant du milieu du XIXe siècle. Ces derniers se sont enrichis grâce à la pêche à la baleine. On remarquera en particulier la maison du capitaine Valentine Pease, au 80 South Water Street, construite entre 1822 et 1836. Herman Melville a navigué avec lui en 1841, sur le navire Acushnet.

Et l'écrivain se serait inspiré du caractère de Pease pour le personnage du capitaine Ahab dans son fameux roman *Moby Dick*.

■ MARTHA'S VINEYARD HISTORICAL MUSEUM

On y retrace l'histoire de l'île, à l'aide de portraits, de meubles, d'objets de la tribu indienne des Wampanoag… Dans la galerie Foster Maritime, expos temporaires.

■ OLD WHALING CHURCH

Construite en 1843 dans le style Greek Revival. Belle façade et un impressionnant orgue à l'intérieur.

■ THE PAGODA TREE

Originaire de Chine, c'est le plus vieil arbre de cette sorte sur tout le continent américain. Il a été planté par le capitaine Thomas Milton, devant sa maison, dans les années 1830. Ce dernier était arrivé sur l'île en 1812, en pleine guerre civile américaine.

Le New Hampshire

Cet Etat de Nouvelle-Angleterre célèbre la nature à son apogée. Montagnes, forêts et lac sont les vraies vedettes du New Hampshire. Amateurs de sports de plein air, randonnée, kayak ou escalade, soyez les bienvenus au paradis ! Les White Mountains sont indiscutablement le joyau de la région et les voyageurs devraient s'y aventurer l'automne venu car au risque de se répéter, la Nouvelle-Angleterre à cette saison mérite tous les superlatifs.

Portsmouth

Portsmouth est l'unique ville côtière du New Hampshire. Elle s'est développée autour des chantiers navals qui sont les plus anciens des Etats-Unis et spécialisés dans la fabrication de sous-marins. Les maisons cossues sur la côte témoignent de la bonne santé de la ville. Le petit centre-ville à découvrir à pied est une agréable

Portsmouth.

Le port de Portsmouth Harbour
au pied de la Spinnaker Tower

New Hampshire

succession de petits commerces et de restaurants à la décoration moderne. Les entrepôts qui font face au port ont été reconvertis avec succès en bars et restaurants. Portsmouth est avant tout le port d'embarquement pour une croisière instructive sur la rivière Piscataqua. Pas forcément incontournable, c'est une bonne base pour organiser une découverte du New Hampshire.

■ PORTSMOUTH HARBOR CRUISES

Cette compagnie organise de très instructives croisières sur la rivière Piscataqua et plus au large vers les îles Shoals. Les bateaux sont de taille parfaite pour emmener de petits groupes dans de bonnes conditions de confort. Ces sorties en mer narratives donnent aux passagers de nombreuses informations sur l'histoire de la région, son passé industriel mais également des éclairages sur la faune dont les nombreux oiseaux qui peuplent la côte. Et toujours ces majestueux phares emblématiques de la Nouvelle-Angleterre. Un bon choix pour découvrir la très petite partie côtière de cet Etat.

■ PRESCOTT PARK

Le parc Prescott est situé juste en face du musée Strawbery Banke le long de la rivière Piscataqua entre les rues State et Mechanic. 5 hectares de jardins dont une partie admirablement fleurie de plus de 500 variétés de fleurs, où lézarder au bord de l'eau.

■ STRAWBERY BANKE MUSEUM

Ce musée propose au visiteur une plongée dans le passé en lui donnant l'opportunité de découvrir la façon de vivre et de travailler dans la région durant les quatre derniers siècles. C'est donc l'histoire d'une communauté depuis le XVIIe siècle au travers des maisons restaurées, de jardins historiques et de programmes éducatifs.

Les environs de Portsmouth

■ CANTERBURY SHAKER VILLAGE

Le village Shaker de Canterbury est un site historique et un musée créé en 1969 pour préserver l'héritage des Shakers de Canterbury. Le village est constitué de 25 bâtiments shakers et 350 hectares de forêts, de jardins et de sentiers entretenus. Les visites guidées ont pour but de faire connaître au visiteur le mode de vie, l'histoire et les valeurs des Shakers. Deux visites guidées sont proposées, un tour d'une heure sur l'histoire des Shakers et un tour d'une heure dans les maisons Shakers. Le site qui se trouve à 1 heure 15 de Portsmouth est en outre absolument magnifique, notamment en automne. Les Shakers ont vécu dans des communautés indépendantes hors du monde du Maine au Kentucky. L'égalité des sexes et des races, la mise en commun des biens, et le célibat étaient les règles pratiquées dans les villages shakers. L'objectif était de faire de ces villages des paradis sur terre. La qualité exceptionnelle de leur artisanat et certaines de leurs inventions ont fait leur réputation dans le monde entier. Le village de Canterbury a été fondé en 1792. Il compta à son apogée, en 1850, 300 personnes.

Couleurs automnales sur les rives du lac Winnipesaukee à Meredith.

Lac Winnipesaukee

La région des lacs dans le New Hampshire est très prisée des vacanciers de la côte est durant l'été. On y vient pour profiter de la baignade rafraîchissante dans ces lacs gigantesques dont on peine à distinguer les rives. Le majestueux lac Winnipesaukee est le plus couru des lacs de la région. Pour l'anecdote, c'est dans la propriété de George W. Bush que le président Sarkozy était venu passer l'été 2007, à Wolfeboro au bord du lac Winnipesaukee. Ce lac est celui de tous les superlatifs avec une surface de 80 km², 274 îles et 200 miles de côtes. On vient dans cette région se relaxer dans un environnement accueillant, et s'adonner à diverses activités de plein air comme le kayak, la randonnée ou la pêche. Pour ceux qui recherchent une atmosphère plus calme et qui sont adeptes de l'isolement, le lac Sunapee voisin est une bonne alternative.

■ CROISIÈRE SUR LE M/S MOUNT WASHINGTON

Le navire *Mount Washington* peut accueillir jusqu'à 1 200 personnes, il ne s'agit donc pas d'une croisière en petit comité mais cela reste une bonne façon de découvrir l'étendue de ce lac entouré par les montagnes Ossipee, Belknap et Sandwich.

Wolfeboro

Wolfeboro, fondé en 1770, se targue d'être la plus ancienne station balnéaire des Etats-Unis. Wolfeboro abritait au XIXe siècle des fabriques de chaussures ; le village posé au bord du lac draine aujourd'hui une élégante clientèle d'estivants. On se promène dans sa rue principale en papillonnant de galeries en boutiques de décoration avant une intéressante visite au New Hampshire Boat Museum.

Meredith

Pour les inconditionnels de shopping la ville de Meredith et ses alentours offrent d'intéressantes boutiques détaxées. C'est aussi l'occasion de ramener quelques souvenirs de la région. Un moulin du XIXe siècle a été restauré pour servir de petit centre commercial, le Mill Falls Marketplace.

White Mountains

Les White Mountains, qui font partie de la grande chaîne des Appalaches, sont le vrai trésor du New Hampshire. Dominées par le mont Washington et ses 1 917 m, ces montagnes offrent un étonnant réseau de 1 200 miles de sentiers de randonnée du printemps à l'automne et de belles pistes de ski l'hiver. Le secteur des « Presidentiels » comprend cinq sommets de plus de 1 500 m auxquels ont a donné le nom de présidents américains, le mont Washington. Lors de notre passage, il était question de renommer le mont Clay, mont Reagan. Quiétude des grands espaces, crêtes montagneuses et près de 400 000 hectares de forêts sont les ingrédients principaux qui attirent les amoureux de nature et de sports en plein air. On ne saurait trop recommander aux amateurs de randonnée de planifier leur séjour dans les White Mountains à l'automne pour profiter d'un véritable festival de couleurs.

■ CANNON MOUNTAIN AERIAL TRAMWAY

Ce téléphérique transporte les passagers au sommet du mont Cannon (1 280 m). De cette hauteur, on embrasse une vue sur le Vermont, le New Hampshire, le Maine et New York. A ne pas rater en automne. Les visiteurs peuvent emprunter un sentier qui fait le tour du sommet. Les plus courageux font l'ascension à pied du mont Cannon. A côté du téléphérique se trouve un modeste musée du ski ouvert à la visite.

■ FLUME GORGE

Le Gilman Visitor Center offre une vue exceptionnelle sur le mont Liberty et le mont Flume. Les moins coura-geux choisissent de prendre un bus jusqu'aux gorges mais on vous encourage à faire cette balade à pied entre jolies cascades et forêts d'érables. Les gorges ont été découvertes en 1808 et on peut aujourd'hui suivre le court creusé par la rivière en longeant les parois des gorges hautes d'une trentaine de mètres pour rejoindre les belles chutes Avalanche Falls. La balade de 1 heure 15 environ vaut vraiment le coup.

■ FRANCONIA NOTCH STATE PARK

Situé à l'ouest des White Mountains, le col de Franconia Notch est traversé par la route I93 qui relie les gorges de Flume au lac Echo. Cette portion de route longue de 8 miles entre les chaînes de montagnes Kinsman et Franconia est vraiment magnifique et semble avoir était idéalement construite pour relier les curiosités naturelles de la zone. On conseille d'emprunter la route I93 et de faire des arrêts successifs aux sites mentionnés ci-dessous. Le Flume Visitor Center (I93, sortie 34A) constitue une bonne première étape pour se procurer une carte détaillée des différentes attractions de la région.

■ KANCAMAGUS HIGHWAY

Cette route remarquable relie la rivière Pemigewasset à Lincoln à la Saco River à Conway en passant par le col Kancamagus (920 m). Les montagnes ici perpétuent les noms des Indiens ayant marqué l'histoire du New Hampshire. Passaconaway (signifiant fils de l'ours) était un chef indien pacifique qui réussit à fédérer 17 tribus indiennes dans la fédération Penacook qu'il dirigea jusqu'en 1669.

Kancamagus (le sans-peur), petit-fils de Passaconaway, tenta de faire cohabiter Indiens et immigrants venus d'Europe. Hélas, il dut renoncer et sous la pression des Anglais finit par s'exiler vers le Canada avec ses fidèles. Faites un tour au Visitor Center à l'extrémité ouest de la route à Lincoln pour en apprendre plus sur l'intéressante histoire de cette région et récupérer une carte détaillant les sentiers et sites d'intérêts nombreux le long de la Kancamagus. Des panneaux indiquent les départs de sentiers tout au long de la route. La plupart sont accessibles à tous, les panneaux indiquent les distances. On conseille d'effectuer notamment la randonnée du Boulder Loop de 2,5 miles qui offre de très belles vues sur les montagnes environnantes. Il est en outre facile de faire le tour des jolis étangs qui bordent la route. En automne, la beauté des paysages le long de cette voie est renversante, sans aucun doute un coup de cœur des voyageurs !

Le Vermont

Traverser le Vermont c'est en quelque sorte faire un voyage dans un passé rural, pas de grandes villes et l'impression d'une harmonie réussie entre activité humaine et environnement. 75 % de la surface de l'Etat est couvert par la forêt. Et c'est d'ailleurs à l'automne lorsque ces forêts se parent de couleurs incandescentes que les visiteurs se pressent pour profiter de paysages enchanteurs. Mais le Vermont mérite une visite en toute saison, en été pour les baignades rafraîchissantes dans les lacs encaissés entre deux collines ou en hiver pour profiter de stations de ski pittoresques.

© STATE OF VERMONT

Skieurs sur les pistes du Vermont.

Northeast Kingdom

Cette région du nord du Vermont à la frontière avec la Canada se trouve en dehors des circuits touristiques traditionnels.

Territoire de collines et pâturages parsemés de lacs, il y règne une quiétude appréciable. On fait ici la part belle aux produits du terroir ; les fermes sont nombreuses tout comme ces maisons de bois où se fabrique le sirop d'érable. Les petits villages bucoliques de St Johnsbury, Lydonsville, Greensboro, Craftsbury ou East Burke font d'agréables étapes sur la route du touriste désireux de s'éloigner un temps du tourbillon de la civilisation. Cette partie du Vermont sort de l'anonymat notamment depuis qu'elle est devenue un spot reconnu pour le VTT.

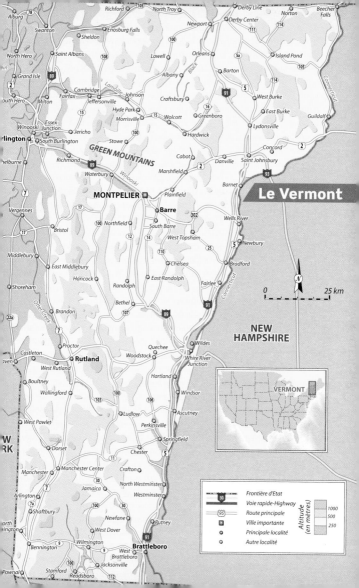

Le Vermont

FAIRBANKS MUSEUM & PLANETARIUM

Ce musée établi dans un bâtiment victorien abrite une étonnante collection d'animaux empaillés, de fossiles et de coquillages. On y trouve notamment représentées les espèces sauvages de Nouvelle-Angleterre. L'unique planétarium du Vermont se trouve également dans ce musée.

MONT PISAGH

Cette randonnée d'environ 3 heures aller-retour est prisée des habitants de la région le week-end. La récompense de cette marche réside dans la très belle vue panoramique offerte au sommet du mont Pisagh sur le majestueux lac Willoughby.

Stowe

Ce charmant village est au cœur des plus hautes montagnes du Vermont, encerclé par le Mount Mansfield et le Bruce Peak. Station de ski prisée en hiver, il est aussi très agréable d'y séjourner durant l'automne pour profiter de ces tons si caractéristiques de la Nouvelle-Angleterre à cette saison. Pas de grandes chaînes d'hôtels ou de centres commerciaux géants. Ici règne une atmosphère chaleureuse que les habitants tiennent à préserver. Les activités *outdoors* sont multiples, du ski au VTT en passant par la randonnée mais les « plaisirs confort » n'ont pas été oubliés avec plusieurs spas de grande qualité. Stowe est donc une destination idéale pour profiter de la nature, faire du sport ou simplement venir se relaxer en famille, le tout dans un cadre naturel privilégié. Tous les ingrédients d'un cocktail réussi, on adore !

BEN & JERRY'S ICE CREAM FACTORY

Une enseigne très populaire aux Etats-Unis, la petite entreprise familiale fondée par Ben et Jerry dans les années 1970 est devenue une multinationale de la crème glacée. On est loin des glaces italiennes, les parfums sont tous plus farfelus les uns que les autres. Un des bestsellers de la marque est par exemple le Cookie Dough, glace à la vanille incrustée de morceaux de pâte de cookies pas cuite aux pépites de chocolat ! La visite du site dure 20 minutes et n'est pas follement instructive mais ludique et donne droit à une dégustation d'une boule de glace. Amusant.

© STATE OF VERMONT / PHOTO BY ANDRÉ JENNY

Enfants jouant dans la rivière à Stowe.

■ COLD HOLLOW CIDER MILL

Si la visite du pressoir est instructive, l'endroit est surtout populaire pour la vente de toute une série de produits fabriqués à partir de la fameuse variété de pommes McIntosh. Boissons, confitures et surtout les fameux donuts au cidre, curiosité à ne pas manquer.

Randonnée

Stowe et ses environs offrent de nombreuses possibilités de randonnées. Pour les moins sportifs qui souhaitent cependant faire une agréable promenade, le Stowe Recreation Path est un chemin de 5,5 miles qui part de l'église du village avant de longer les bois, de jolies fermes. On peut également le faire à vélo et même à ski en hiver. Depuis le Cliff House restaurant au sommet de la télécabine (Gondola), le Cliff Trail mène au sommet du mont Mansfield, plus haut sommet du Vermont qui culmine à 1 340 m. Le sentier est très pentu, et la randonnée s'apparente parfois plus à de l'escalade. On conseille donc à ceux qui ont le vertige de ne pas s'y aventurer. Le sommet peut être atteint en 1 heure/1 heure 30. La vue panoramique est à couper le souffle puisqu'elle embrasse les Adirondaks, le Québec, le lac Champlain. On a ensuite le choix de revenir sur ses pas (la descente est vertigineuse) ou pour les plus entraînés suivre le Mansfield Trail, qui après 3 bonnes heures de marche amène le randonneur sur la route 100 au Long Trail Parking.
Le Pinnacle Trail est une autre randonnée, très populaire et accessible à tous bien que parfois très pentue. Le départ est situé à 2,8 miles à l'est de Stowe. Compter 2 heures 30 l'aller-retour pour profiter tout le long de très belles vues sur les montagnes environnantes.

Ski

Le domaine de Stowe offre 80 km de pistes de tout niveau pour le ski nordique comme le ski de fond entre décembre et février. Il existe 11 remontées mécaniques dont 9 télésièges et 2 télécabines. Le télésiège Toll House donne accès aux pistes les plus faciles alors que celui de Middle Mansfield permet de rejoindre les pistes les plus ardues. Les novices peuvent prendre des cours. Quatre magasins louent skis et équipements nécessaires, situés en bas des pistes du mont Mansfield et du mont Spruce.

Centre du Vermont

Le centre du Vermont s'articule autour des Green Mountains et de la magnifique route 100. Cette campagne est parsemée de villages coquets et de petites stations de ski. La région est splendide à l'automne et il est conseillé de se perdre sur les petites artères aux abords de la route 100 pour admirer les forêts qui se parent à cette période de couleurs incandescentes. On apprécie une virée hors du temps dans cette partie du Vermont aux paysages magnifiques qui semble coupée du monde.

Chalet dans l'hiver blanc du Vermont.

■ MAD RIVER VALLEY

En suivant la route 100 vers le sud de l'Etat, on traverse la Mad River Valley, un des plus beaux tronçons de cette route qui part du Vermont pour rejoindre le Canada. La vallée est un mélange de pâturages et de vertes collines qui fondent l'identité du Vermont. La petite station de ski de Mad River Glenn (www.madriverglenn. com) attire les skieurs old fashion nostalgiques de l'atmosphère des anciennes stations, les surfeurs ne sont pas admis ! La région est propice aux longues promenades à pied et balades en vélo qui empruntent les nombreux ponts couverts, et qui se comptent par centaines dans le Vermont. Cette région est un incontournable pendant l'automne. Les villages de Waitsfield et Warren constituent de sympathiques haltes où grignoter et acheter quelques produits locaux comme au Warren Country Store.

■ BILLINGS FARM & MUSEUM

Cette ferme/musée retrace l'histoire du passé rural du Vermont et possède une des meilleures fermes laitières de l'Etat.

Frederick Billings, fondateur en 1871 de la ferme qui fonctionne toujours aujourd'hui, était un écologiste avant l'heure et avait le souci de préserver l'environnement pour les générations futures. Les enfants apprécient tout particulièrement cet endroit où ils peuvent se familiariser avec le processus de production du lait et approcher les animaux de la ferme. L'habitation principale date de 1890. Restaurée, on peut la visiter pour découvrir la vie rurale au XIXᵉ siècle.

■ MARSH-BILLINGS-ROCKEFEL-LER NATIONAL HISTORICAL PARK

Influencé par le livre de George Perkins *Marsh, Man and Nature*, Frederick Billings s'engagea dans la reforestation du mont Tom dès 1874 mettant ainsi en place le premier plan scientifique de gestion forestière aux Etats-Unis. Le parc fut créé en 1992 lorsque la petite fille de Frederick Billings, Mary French Rockefeller, et son mari firent don de ces terres aux Etats-Unis. C'est aujourd'hui le seul parc à conter l'histoire de la conservation de l'environnement aux Etats-Unis.

Le Maine

MAINE

CANADA (New Brunswick)

CANADA (Québec)

Saint David
Frenchville
Saint Francis
Dickey
Saint John
Allagash
Soldier Pond
Long Lake
Van Buren
Winterville
Caribou
Fort Fairfield
Portage
Ashland
Presque Isle
Mars Hill
Bridgewater
Clayton Lake
Eagle Lake
Chamberlain Lake
Oxbow
Littleton
Houlton
Chesuncook
Chesuncook Lake
Baxter State Park
Patten
Linneus
Haynesville
Orient
Grand Lake
Pittston Farm
North East Carry
Permadumcook Lake
Sherman Station
North East Carry
Moosehead Lake
Kokadjo
West Seboeis
East Millinocket
Danforth
Rockwood
Greenville
Lincoln
Maitawamkeag
Springfield
Brookton
Topsfield
Jackman
Lowelltown
Lake Parlin
Brownville
Howland
Otamon
Big Lake
Flagstaff Lake
Monson
Dover-Foxcroft
Old Town
Wesley
Alexande
Eustis
Caratunk
Bingham
Dexter
Hudson
Corinna
Etna
Bangor
Amherst
Harrington
Carrabassett
Kingfield
New Vineyard
Skowhegan
Pittsfield
Dixmont
Green Lake
Franklin
Graham Lake
Machias
Jonesport
Oquossoc
Wilsons Mills
Richardson Lakes
Byron
Phillips
Farmington
Clinton
Waterville
Bucksport
Ellsworth
Gilead
Dixfield
Livermore Falls
Greene
Hallowell
AUGUSTA
Gardiner
Liberty
Belfast
Blue Hill
Mt. Desert Island
Bar Harbor
Parc national d'Acadia
Bryant Pond
Auburn
Lewiston
Camden
Rockland
OCEAN ATLANTIC
Bridgton
Casco
Lisbon Falls
Waldoboro
Penobscot Bay
Isle Au Haut
Sebago Lake
Frye Island
Brunswick
Bath
Boothbay Harbor
Matinicus Islands
Kezar Falls
Westbrook
Yarmouth
PORTLAND
South Portland
Cape Elizabeth
Casco Bay
Alfred
Sanford
Biddeford
Old Orchard Beach
Kennebunkport
Cape Neddick

Légende

	Frontière d'État
90	Voie rapide-Highway
95	Route principale
■	Ville importante
●	Principale localité
○	Autre localité
	Parc et réserve

Altitude (en mètres)

N

0

Le parc travaille en partenariat avec Le Billings Farm & Museum. La résidence datant de 1805, des Marsh puis des Rockefeller, peut être visitée. Elle abrite une importante collection de peintures et d'objets d'art. Fantastiques balades dans le parc notamment durant l'automne. On atteint le lac Pogue cerné par les montagnes en 45 minutes et le Mount Tom en 1 heure 30 avec, comme récompense, une très belle vue sur le village de Woodstock et les environs.

Woodstock

Ce petit village fondé en 1768 au bord de la rivière Ottauquechee est sans doute un des plus populaires et des plus charmants du Vermont. Il a bénéficié depuis sa création des devises de ses riches résidents dont les Rockefeller ; les bâtisses historiques ont donc été consciencieusement entretenues et le très chic Woodstock Inn & Resort témoigne de la présence d'une clientèle très aisée. Tous les visiteurs apprécient le côté carte postale de ce pittoresque village. Les sentiers où se balader sont nombreux, les commerces de produits locaux pléthoriques et les Bed & Breakfast accueillants. Une fois encore, c'est à l'automne que l'on apprécie Woodstock et ses environs à leur juste valeur.

Quechee Gorge

Le pittoresque village de Quechee se situe à l'est de Woodstock, en plus d'être adorable, c'est la porte d'entrée pour explorer les gorges qui longent la rivière Ottauquechee devenue torrent sur un peu plus d'un kilomètre. Le visiteur peut facilement observer les gorges depuis différents ponts ou emprunter de petits sentiers qui partent de la route.

Le Maine

Cet Etat frontalier du Canada est un paradis pour les amoureux de nature. La côte ciselée du Maine a de tout temps attiré peintres du dimanche et artistes reconnus. La luminosité est magnifique, les phares sont des modèles disciplinés. Cette côte est très populaire l'été venu, les touristes venant profiter du très photogénique bord de mer et des multiples activités de plein air proposées.

Casiers et bateaux à homards alignés sur les quais de Portland.

VISITE

La Nouvelle-Angleterre

L'intérieur de l'Etat reste quant à lui très largement inexploité, ce qui en fait un terrain de jeu attrayant pour les visiteurs aventureux avides de grands espaces presque vierges. Une grande variété de paysages est offerte au visiteur, de la petite station balnéaire de la côte aux forêts et lacs de l'intérieur dont on profite presque seul. Mère nature a fait des merveilles dans la région et l'homme n'a pas encore laissé son emprunte sur la majorité de l'Etat.

Portland

Fondé en 1632, Portland est la ville la plus importante du Maine – c'est Augusta la capitale. Les vicissitudes de l'histoire ont marqué ce port ravagé par les incendies à de nombreuses reprises. Le phoenix est d'ailleurs devenu l'emblème de la ville qui plusieurs fois dû renaître de ses cendres. Les bâtiments victoriens sont imposants dans le centre de la ville, notamment autour de Congress Street. Old Port est quant à lui le quartier le plus plaisant, la ville s'y réinvente tous les jours avec l'ouverture de restaurants, cafés et boutiques design dans de vieilles bâtisses reconverties. La ville se découvre à pied depuis Old Port jusqu'à Congress Street que l'on suit en montant jusqu'à Bramhall Street, emprunter sur la gauche pour rejoindre Western Promenade et y faire une agréable balade et jouir du panorama sur le port et la ville.

■ PORTLAND MUSEUM OF ART

Un musée de grande qualité qui propose les peintures impressionnistes et postimpressionnistes dont des œuvres de Renoir, Degas et Picasso. Très belle collection également de peintres américains du XIX siècle. La demeure

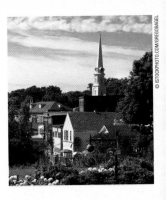

© ISTOCKPHOTO.COM/GREGOBAGEL

McLellan House voisine du musée se visite également (visite comprise dans le ticket du musée), l'exposition d'arts décoratifs y est intéressante.

■ PORTLAND OBSERVATORY

Construit en 1807, cet imposant observatoire est une relique du passé maritime de la région. Après avoir grimpé les 103 marches, on jouit d'une belle vue sur la baie de Casco.

■ OLD PORT

Le port est toujours en activité et constitue un des piliers de l'activité économique de Portland. Si les pêcheurs de homards exercent toujours leurs activités au large de la ville, les anciens entrepôts du XIXᵉ siècle sur le front de mer ont été reconvertis avec succès. Ils sont aujourd'hui un des principaux attraits de la ville. Cafés, restaurants, boutiques et galeries sont installés et constituent de plaisantes haltes lors d'une balade au bord de l'eau. On conseille de déambuler dans les petites rues qui font la jonction entre Commercial Street et Spring Street sur le tronçon qui s'étend du Visitor Center au Custom House.

Casco Bay à Cape Elizabeth, près du Portland Head Light.
© ISTOCKPHOTO.COM/GREGOBAGEL

L'incontournable homard du Maine

Les eaux fraîches du Maine abritent des homards par millions. La plupart des homards ont au moins 7 ans lorsqu'ils sont pêchés car la législation impose une taille minimum pour la pêche de ce crustacé. Les femelles grainées doivent également être remises à l'eau, les permis sont surveillés tout comme les zones de pêche. 90 % des homards du Maine, pêchés par les 7 500 hommes dont c'est le métier, sont expédiés vivants en dehors de l'Etat. En un été, jusqu'à 3 millions de homards peuvent être pêchés au large des côtes de l'Etat !

Boothbay Harbor

Ce petit village de pêcheurs est centré sur les activités maritimes. Les bateaux de pêche et les voiliers sont bien plus nombreux dans le port que ne le sont les voitures pas vraiment adaptées aux routes étroites du village. Le panorama depuis le village est magnifique et plus encore si l'on grimpe sur la petite colline qui le surplombe. Les routes de la région sont bordées de pins et offrent parfois une fenêtre sur la mer. Elles relient Boothbay Harbor à de petits village cousins à la ressemblance étonnante. L'activité reine ici la promenade en mer, en bateau à moteur, en voilier ou en kayak. La côte ciselée a été bien préservée et les promoteurs n'ont heureusement pu attenter à la beauté sauvage du bord de mer où seuls les phares attestent de la présence de l'homme. On conseille le printemps et l'automne pour découvrir la région et profiter de la quiétude des lieux.

■ OCEAN POINT

En suivant la route 93 vers le sud, après avoir dépassé East Boothbay, on atteint Ocean Point. La vue sur l'océan s'offre au visiteur à qui l'on conseille de suivre le sentier de randonnée qui longe la côte.

■ PEMAQUID POINT LIGHTHOUSE

On se trouve ici dans un paysage de carte postale. Ce très beau phare fut construit en 1824 et automatisé en 1934. La côte rocheuse est particulièrement ciselée à cet endroit et la pointe parfaitement photogénique. Elle a de tout temps était croquée par des peintres célèbres comme des peintres du dimanche. Le Fishermen's Museum établi dans l'ancienne maison du gardien du phare se visite.

Bar Harbor et le parc national d'Acadia

Le parc national d'Acadia est un des joyaux du Maine. Bar Harbor et le parc national d'Acadia sont situés sur Mount Desert Island d'où s'élèvent vingt six montagnes qui forment quatre grands lacs. Son sommet, le mont Cadillac, culmine à 500 m. La vue à 360° sur l'océan depuis le sommet est imprenable. Ouvert toute l'année, le seul parc national de Nouvelle-Angleterre préserve 40 000 hectares de merveilles naturelles, entre montagnes couvertes de forêts et côte de granite rose léchée par l'océan bleu acier. Randonneurs, cyclistes et amateurs de ski de fond empruntent les 45 miles de sentiers qui sillonnent le parc. Cette nature insolente est un terrain de jeu exceptionnel pour les sports de plein air pendant que la beauté crue des paysages invite à la contemplation.

■ BAR HARBOR WHALE WATCH CO.

Une des attractions les plus prisées de la région est l'excursion en mer pour partir à la rencontre des baleines. L'espèce la plus fréquemment et facilement observée au large de Bar Harbor est la baleine franche. La meilleure période pour les observer s'étend d'avril à octobre. Les commentaires sont très instructifs et observer des baleines d'aussi près reste une expérience mémorable pour les parents comme pour les enfants. Il est préférable de se couvrir chaudement même en été car le vent souffle fort en mer. Emporter en outre un couvre-chef, de la crème solaire et des lunettes de soleil… et bien sûr un appareil photo !

■ PARK LOOP ROAD

La route Park Loop Road permet de découvrir le parc national d'Acadia. C'est la route qu'emprunte la majorité des voyageurs dans la région ; sur la plus grande partie du trajet, la route est à sens unique. L'entrée principale se trouve au Visitor Center. Différents points d'intérêt méritent une halte le long des 27 miles de cette route : l'Abbe Museum, le Nature Park Center, la très belle Sand Beach, Thunder Hole (une grotte où s'engouffre la mer avant de provoquer un geyser en sortant), l'étang de Jordan House et son agréable salon de thé, et pour finir le sommet du mont Cadillac. Tout le long de la route, il est possible de se garer et d'emprunter des sentiers de randonnée. Les locaux comme les visiteurs s'installent le long de la route sur les rochers face à l'océan pour contempler ces splendides paysages. Certains sont tout

particulièrement bien équipés avec d'étonnantes chaises pliantes très fonctionnelles.

Randonnée

Les amateurs de randonnées sont à la fête dans le parc national d'Acadia. Il y a de nombreux sentiers de tout niveau. Une des balades les plus populaires consiste à faire le tour de l'étang Jordan, un peu plus de 3 miles de marche facile très plaisante. La randonnée d Acadia Mountain à l'ouest de l'île, 2 miles aller-retour, offre de très beaux points de vue. On peut facilement se procurer une carte détaillée des sentiers de randonnée au Visitor Center, les Rangers sont en outre toujours ravis de pouvoir renseigner les visiteurs. Ces même Rangers proposent des programmes spécifiques pour observer la faune ou encore des programmes destinés aux enfants, par exemple.

© PHB.CZ - FOTOLIA

Bass Harbor Head Light.

Vue de la Grosse Pomme
depuis l'Empire State Building.

© TOM PEPEIRA - ICONOTEC

Pense futé

Adresses utiles

- **AMBASSADE DES ÉTATS-UNIS**
2, avenue Gabriel 75008 Paris
✆ 01 43 12 22 22
Fax : 01 42 66 97 83
http://france.usembassy.gov

- **AMBASSADE DE FRANCE**
4101 Reservoir Road
NW Washington, DC 20007
✆ (202) 944 6000
Fax : (202) 944 6166
http://ambafrance-us.org

© CAPITAL REGION USA

Ambiance nocturne à Adams Morgan à Washington.

Argent

Monnaie

L'unité monétaire est le mondialement recherché dollar (US$).

Pourboire

Habitués au service compris et réputés pour leur avarice, les Français « oublient » souvent de donner un pourboire (*tip*). Ce qui leur vaut une réputation d'irrémédiables radins… Sauvons la face, il s'agit d'une profonde différence culturelle qui entretient l'incompréhension. Dans ce pays de services, le pourboire est une institution. Les *tips* mettent de l'huile dans l'engrenage social et sont acceptés avec d'autant plus de dignité et d'intérêt qu'ils constituent 90 % du revenu du personnel. Si vous ne voulez pas affronter le regard horrifié des Américains ni être traité de pingre – insulte suprême dans un pays où l'on aime flamber –, mettez-vous à l'heure du *tip*. Par exemple : 2 $ pour faire monter vos bagages dans votre chambre d'hôtel, 1 $ pour un « valet parking », 1 à 2 $ pour une livraison. Gardez donc toujours des petites coupures sur vous. Et, par respect, évitez les piécettes ! Si vous payez par carte de crédit, n'oubliez surtout pas d'inscrire vous-même le montant du pourboire dans la case « tip » et le montant total de la note, sous peine de mauvaises surprises ultérieures. Il est d'usage de laisser dans les restaurants, bars et taxis un pourboire d'au moins 15 % du montant de l'addition.

Faire – Ne pas faire

Voici quelques mises en garde, agrémentées d'anecdotes vécues… On vous aura prévenus ! On ne plaisante pas avec les règles au pays de l'Oncle Sam.

▶ **Ne faites pas la bise**, quel que soit votre sexe, ça ne se fait pas. On se serre la main ou, en plus tendre, on se fait des *hugs* (grandes embrassades avec tapes affectueuses dans le dos et grognements béats).

▶ **Laisser un pourboire !** Pour ne pas passer pour un irréductible radin et renforcer, s'il était nécessaire, la réputation de pingres dont les Français jouissent aux Etats-Unis.

▶ **Ne pas boire d'alcool dans la rue.** Une parade bat son plein à Provincetown. La foule en délire agite drapeaux et cotillons, tandis que s'égrènent vivats et flonflons. Très clean, très calme, un couple promène bébé dans sa poussette. Les cops sont là, qui veillent à la sécurité. Ils attrapent le jeune père buvant une bière (dissimulée dans son traditionnel sac papier) et verbalisent… Les lois sont appliquées à la lettre, sans dérogation aucune et quelles que soient les circonstances (seul le jour de l'An fait exception à la règle).

▶ **Ne pas boire avant de conduire.** En cas de contrôle, le taux d'alcoolémie doit être de 0 autrement votre voiture sera confisquée sur-le-champ, embarquée à la fourrière et, depuis le 20 février 1999, revendue (mesure drastique conforme à la nouvelle politique de répression des délits). Au pays de la propriété privée par excellence, ça laisse tout de même songeur…

▶ **Ne pas fumer de Havanes.** Importer ces marchandises – illégales sur ce continent – est un délit (les Etats-Unis ont mis leur embargo sur Cuba). Non seulement vos barreaux de chaise vous seront confisqués (et la salle à manger tout entière risque d'être passée au crible), mais vous aurez droit en prime à une amende…

▶ **Rester très calme en cas d'arrestation au volant.** Que vous soyez arrêté pour une raison ou une autre, l'innocence de vos intentions n'étant pas inscrite sur votre visage, ne vous précipitez jamais pour chercher vos papiers de voiture. Echaudés par le nombre de mésaventures avec des conducteurs qui, faisant mine de chercher assurance ou carte grise (Title) dans leur glove compartment, en sortent en fait une arme, les policiers redoublent de méfiance. Pour éviter une accidentelle mais regrettable « bavure », gardez vos mains bien à plat sur le volant ou le capot, indiquez clairement vos intentions et n'agissez que lorsque le feu vert vous est donné.

▶ **Ne pas resquiller dans le métro.** Ne vous avisez jamais de sauter par-dessus les tourniquets. Vous aurez tout le monde sur le dos et, de toute façon, vous vous ferez prendre. C'est moralement et culturellement inconcevable dans le monde anglo-saxon.

Électricité

110/115 volts, 60 périodes. Les fiches sont plates : il vaut donc mieux partir avec un adaptateur (pas toujours évident à trouver sur place, cherchez dans les magasins de bricolage). Les sèche-cheveux et les fers à repasser sont fréquemment disponibles dans les hôtels. Les normes américaines étant totalement différentes des normes françaises, veillez à n'acheter que du matériel compatible, le voltage n'étant pas seul en cause, loin de là. Faites attention notamment en cas d'acquisition de vidéos (à moins d'avoir un magnétoscope NTSC), DVD vidéo (à moins d'avoir un lecteur multizone), téléviseur, téléphone portable, pager, beeper ou CB. En revanche, CD, DVD et matériel informatique à bivoltage fonctionnent partout. Si besoin est, pensez également à acheter des adaptateurs (par exemple, de prise téléphonique pour l'accès à Internet) ; on en trouve dans les magasins d'informatique comme Comp'USA ou Radio Shack.

Formalités

Depuis le début de l'année 2009, les voyageurs doivent obtenir une « pré-autorisation » au plus tard 72 heures avant leur départ assortie d'une taxe de 14$. Il vous faut également être en possession d'un passeport à lecture optique. Si vous êtes titulaire d'un passeport traditionnel et que vous désirez vous rendre sur le territoire américain, il vous faudra le faire refaire auprès de la préfecture de police de votre domicile permanent. La France fait cependant toujours partie du programme « Visa Waiver Pilot », qui autorise tous les ressortissants français à entrer sur le sol américain sans visa, et ce pour un séjour d'une durée maximale de 90 jours. Pour entrer, il suffit donc d'avoir un passeport à lecture optique en cours de validité ainsi qu'un billet aller-retour non remboursé aux Etats-Unis et ne pas avoir l'intention de prolonger son séjour. Enfin, pour tout séjour d'une durée supérieure à 90 jours, le visiteur doit être en possession d'un visa. Plusieurs types de visas existent (étudiant, de travail, etc.), mais ils sont tous assez difficiles à obtenir.

▶ **Conseil futé :** avant de partir, pensez à photocopier tous les documents que vous emportez avec vous. Vous emporterez un exemplaire de chaque et vous laisserez l'autre à quelqu'un en France. En cas de perte ou de vol, les démarches de renouvellement seront beaucoup plus simples auprès des autorités consulaires.

Langues parlées

L'anglais est la langue principalement parlée, l'espagnol également. De temps en temps, vous rencontrerez quelqu'un parlant un peu français…

Quand partir ?

Nous vous conseillons de partir au printemps ou en automne. Le mois de septembre et son fameux *Indian summer* (été indien) vous offriront souvent des températures dans les 20 à 25 °C, un beau soleil, un ciel dégagé et une ambiance plus calme là où, en juillet et en août, mois souvent caniculaires et étouffants, certains sites sont surpeuplés. Enfin, passer les vacances de Noël aux Etats-Unis peut être une superbe expérience. Il fait très froid, certes, mais un froid sec, beaucoup plus supportable que sous la grisaille et la pluie parisiennes. Le climat océanique de la ville donne souvent un ciel tout bleu et un soleil vigoureux, qui rendent encore plus éclatant le manteau de neige immaculée recouvrant les rues de Boston ou de Washington. Le Vermont, le New Hampshire et le Maine doivent définitivement être découverts en automne alors que les forêts se parent de splendides couleurs.

Santé

Les problèmes de santé… Voilà un sujet angoissant, à plus forte raison lorsqu'on se trouve loin de chez soi. Aussi, avant de partir, pensez à souscrire une assurance santé. Ce n'est pas obligatoire mais, aux Etats-Unis, où l'infrastructure médicale est par ailleurs excellente, les soins de santé sont extrêmement chers. Il existe bien quelques hôpitaux gratuits (œuvres caritatives), mais qui sont débordés et où vous n'obtiendrez sûrement pas les meilleurs soins.

Aucun vaccin n'est obligatoire. Vérifiez simplement avant de partir que vos vaccins du type D.T. Polio sont à jour. Les voyageurs sous traitement médical devront penser à se munir d'une ordonnance pour prouver qu'ils n'importent pas de produits illicites.

Sécurité

Les attentats du 11 septembre 2001 ont transformé le National Mall, la Maison-Blanche et le Capitole en des lieux ultra surveillés. Vous verrez, un peu partout, des policiers à cheval, à vélo ou à moto. Pour entrer dans certains offices du tourisme, comme celui de la Maison-Blanche, il faut enlever ses chaussures, parfois sa ceinture, puis passer sous le détecteur, comme à l'aéroport. En outre, l'entrée de certains bâtiments a été interdite, des barrières empêchant l'accès d'une dizaine d'entre eux, et des rues ont été fermées aux passants autour de la résidence présidentielle et du Capitole. De manière générale, c'est une société très sécuritaire.

Téléphone

▶ **Appeler les États-Unis :** 1 chiffre pour le code des Etats-Unis, le 1 (le même que pour le Canada et les Caraïbes). 3 chiffres pour l'indicatif régional (*area code*). 7 chiffres pour le numéro local, présenté en deux groupes de 3 et 4 chiffres (ex. : 741 9226).

▶ **Indicatifs régionaux** (*area codes*) : Boston : 617 ; Philadelphie : 215 ; Washington : 202. Les indicatifs régionaux sont toujours indiqués quand on vous communique un numéro de téléphone.

▶ **Pour appeler à l'étranger.** 011 + code pays + indicatif régional (ou indicatif portable) + numéro local. Pour la France, le code pays est le 33 et il ne faut pas composer le 0, premier chiffre du numéro.

New York											
Janvier	Février	Mars	Avril	Mai	Juin	Juillet	Août	Sept.	Octobre	Nov.	Déc.
-3°/ 3°	-2°/ 4°	1°/ 9°	6°/15°	12°/ 21°	17°/ 26°	20°/ 28°	19°/ 27°	16°/ 24°	10°/ 18°	4°/ 12°	-1°/ 6°

Index

PENSE FUTÉ

Partagez vos bons plans sur la côte est des États-Unis

Faites-nous part de vos expériences et découvertes. Elles permettront d'améliorer les guides du Petit Futé et seront utiles à de futurs voyageurs. Pour les hôtels, restaurants et commerces, merci de bien préciser avant votre commentaire détaillé l'adresse complète, le téléphone et le moyen de s'y rendre ainsi qu'une indication de budget. Dès lors que vous nous adressez vos bons plans, vous nous autorisez à les publier gracieusement en courrier des lecteurs dans nos guides ou sur notre site internet. Bien sûr, vous n'êtes pas limité à cette page...
Merci d'adresser vos courriers à PETIT FUTE VOYAGE, 18 rue des Volontaires, 75015 Paris ou infopays@petitfute.com

■ **Qui êtes-vous ?**

Nom et prénom ....

Adresse ....

E-mail .... Quel âge avez-vous ? ....

Avez-vous des enfants ?   ❏ Oui (combien ?)   ❏ Non

Comment voyagez-vous ?   ❏ Seul   ❏ En voyage organisé

Profession :   ❏ Etudiant   ❏ Sans profession   ❏ Retraité
         ❏ Profession libérale   ❏ Fonctionnaire   ❏ Commerçant
         ❏ Autres ....

■ **Quels sont, à votre avis, les qualités et défauts des guides Petit Futé ?**

....

....

....

■ **Votre bon plan**

Nom de l'établissement : ....

Adresse : ....

Téléphone : ....

S'y rendre : ....

Budget : ....

Votre avis : ....

....

....

AUTEURS ET DIRECTEURS DES COLLECTIONS
Dominique AUZIAS & Jean-Paul LABOURDETTE

DIRECTEUR DES ÉDITIONS VOYAGE
Stéphan SZEREMETA

RESPONSABLES ÉDITORIAUX VOYAGE
Patrick MARINGE, Caroline MICHELOT
et Morgane VESLIN

RESPONSABLE CARNETS DE VOYAGE
Jean-Pierre GHEZ

ÉDITION ☎ 01 53 69 70 18
Maïssa BENMILOUD, Julien BERNARD,
Audrey BOURSET, Sophie CUCHEVAL, Chloé HARDY, Caroline
MICHELOT, Charlotte MONNIER, Antoine RICHARD, Baptiste
THARREAU et Pierre-Yves SOUCHET

ENQUETE ET REDACTION
Joanna DUNIS, Manon LIDUENA, Claire DELBOS,
Cécile FERRI, Delphine BERTHELLIER, Lionel GOMEZ, Patrick
MARINGE, Brigitte TILLET, Marc FURSTENBERG
et Jean-François CHAIX

MAQUETTE & MONTAGE
Sophie LECHERTIER, Julie BORDES, Élodie CLAVIER, Élodie
CARY, Evelyne AMRI, Antoine JACQUIN,
Laurie PILLOIS, Marie BOUGEOIS et Emilie PICARD

CARTOGRAPHIE
Philippe PARAIRE, Thomas TISSIER

PHOTOTHEQUE ☎ 01 53 69 65 26
Élodie SCHUCK et Sandrine LUCAS

RELATIONS PRESSE ☎ 01 53 69 70 19
Jean-Mary MARCHAL

DIFFUSION ☎ 01 53 69 70 06
Eric MARTIN, Bénédicte MOULET
et Nathalie GONCALVES

DIRECTEUR ADMINISTRATIF ET FINANCIER
Gérard BRODIN

RESPONSABLE COMPTABILITE
Isabelle BAFOURD assistée de Christelle MANEBARD, Oumy
DIOUF et Janine DEMIRDJIAN

DIRECTRICE DES RESSOURCES HUMAINES
Dina BOURDEAU assistée de Sandra MORAIS,
Cindy ROGY et Aurélie GUIBON

■ **CARNET DE VOYAGE**
CÔTE EST DES ÉTATS-UNIS ■
Édition 2011

NOUVELLES ÉDITIONS DE L'UNIVERSITÉ©
Dominique AUZIAS & Associés©
18, rue des Volontaires - 75015 Paris
Tél. : 33 1 53 69 70 00 - Fax : 33 1 53 69 70 62
Petit Futé, Petit Malin, Globe Trotter, Country Guides
et City Guides sont des marques déposées ™®©
© Photo de couverture : © Author's Image
ISBN - 9782746936560
Imprimé en France par
GROUPE CORLET IMPRIMEUR - 14110 Condé-sur-Noireau

Pour nous contacter par email,
indiquez le nom de famille en minuscule
suivi de @petitfute.com
Pour le courrier des lecteurs : country@petitfute.com

IMPRIM'VERT   PEFC

Achevé d'imprimer en 2011